珍藏本·增订本

纪念版

汉译世界学术名著丛书

经济学的尴尬

〔英〕琼·罗宾逊 著

安佳 译

Joan Robinson

ECONOMICS: AN AWKWARD CORNER

本书根据卢德里奇出版社 2017 年版译出

Authorized translation from the English language edition published by Routledge, a member of the Taylor & Francis Group

本书原版由 Taylor & Francis Group 出版集团旗下 Routledge 出版公司出版，并经其授权翻译出版。

汉译世界学术名著丛书
（120年纪念版·珍藏本）
增订本出版说明

2017年10月，为纪念商务印书馆创立120周年，本馆推出“汉译世界学术名著丛书”（120年纪念版·珍藏本），计七百种。近五六年来，仰赖学界同人倾力支持，订正旧译，增补新译，拓展新著，积累日多。为满足读者需要，本馆在七百种的基础上，继续推出“汉译世界学术名著丛书”（120年纪念版·珍藏本·增订本）三百种。至此，“汉译世界学术名著丛书”累计出版，已达千种。

今后，本馆将继续推进丛书的翻译出版工作，在积累单本名著的基础上陆续分辑刊行，汇印出版。为促进中外文明互鉴、推动我国学术发展，使“汉译世界学术名著丛书”这项对我国学术文化有基本建设意义的重大工程发挥更大作用，诚望海内外学术界、翻译界继续给予支持，帮助我们把这套丛书出得更好。

商务印书馆编辑部

2024年2月

汉译世界学术名著丛书
（120年纪念版·珍藏本）
出 版 说 明

2017年2月11日，商务印书馆迎来120岁的生日。120年前，商务印书馆前贤怀揣文化救国的理想，抱持“昌明教育，开启民智”的使命，立足本土，放眼寰宇，以出版为津梁，沟通中西，为中国、为世界提供最富智慧的思想文化成果。无论世事白云苍狗，潮流左右激荡，甚至战火硝烟弥漫，始终践行学术报国之志，无改初心。

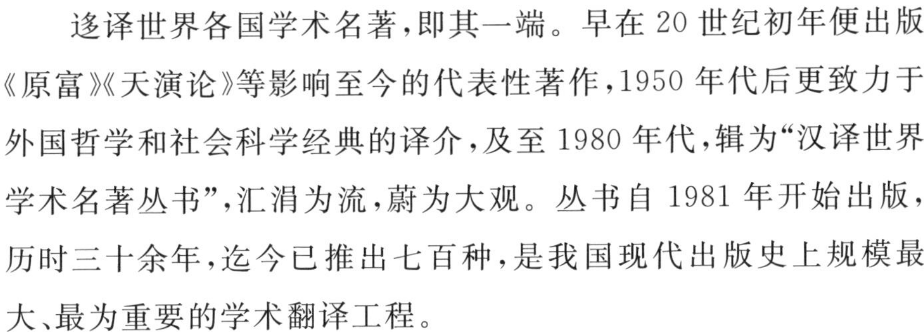

逡译世界各国学术名著，即其一端。早在20世纪初年便出版《原富》《天演论》等影响至今的代表性著作，1950年代后更致力于外国哲学和社会科学经典的译介，及至1980年代，辑为“汉译世界学术名著丛书”，汇涓为流，蔚为大观。丛书自1981年开始出版，历时三十余年，迄今已推出七百种，是我国现代出版史上规模最大、最为重要的学术翻译工程。

丛书所选之书，立场观点不囿于一派，学科领域不限于一门，皆为文明开启以来，各时代、各国家、各民族的思想与文化精粹，代表着人类已经到达过的精神境界。丛书系统译介世界学术经典，引领时代思想，为本土原创学术的发展提供丰富的文化滋养，为推动中国现代学术和现代化进程做出了突出的贡献。

为纪念商务印书馆成立120周年，我们整体推出“汉译世界学术名著丛书”120年纪念版的珍藏本，寄望既利于文化积累，又便于研读查考，同时向长期支持丛书出版的译者、编者和读者致以敬意。

两甲子后的今天，商务印书馆又站在了一个新的历史时间节点上。我们不仅要铭记先辈的身影和足迹，更须让我们的步伐充满新的时代精神。这是商务人代代相传的事业，更是与国家和民族的命运始终紧密相连的事业。我们责无旁贷，必须做好我们这代人的传承与创造，让我们的努力和成果不仅凝聚成民族文化的记忆，还能成为后来人可以接续的事业。唯此，才能不负前贤，无愧来者。

商务印书馆编辑部

2017年10月

目　　录

前　言

本书撰写于 1966 年夏天，当时发生的事情为本书主题提供了一个令人不快的实例。我认为，没有多少根据表明，媒体报道了某件事就证明某件事是错误的。

书中有些类似专门术语的词汇第一次出现时采用了斜体*，并指出了术语的含义。

请注意，解释观点或含有信息的注释都用数字排序。只表示引文来源的注释则用字母排序。

琼·罗宾逊

1966 年 8 月于剑桥

* 在本书中排成楷体。

11

导　言

如果我们试图将我们生活于其中的经济制度解释为一种理性框架，我们就不可能理解这个经济制度。我们必须把它理解为历史发展过程中的一个尴尬阶段。

2

毫无疑问，在每一个时代，经济生活都一直充满了冲突和妥协，用理性进行辩护与经验并不相符合。五十年前，主日学校的孩子们学唱的歌是：

> 城堡深处有贵胄，
> 城门徘徊贫民，
> 富或穷从神得生，
> 位分由神命定。

在本世纪，由于历史发展如此快速，冲突更加尖锐，妥协更具有不确定性，理性则更让人难以置信。

凯恩斯这样描述1914年前的资本主义经济：

> 为确保资本积累的最大化，欧洲的社会和经济组织得井

井有条。虽然大众的日常生活条件在不断改善，但社会的组织框架却把收入增长的大部分分配到了最不可能使用这笔收入的阶层手中。19 世纪的新晋富人并没有大手大脚的高消费支出，他们更喜欢投资带给他们的权利而不是即时消费的乐趣。事实上，正是财富分配的不平等使得固定资本和财富的大量积累成为可能，这种积累将那个年代与其他年代区别开来。实际上，这也是资本主义制度的主要正当理由。如果富人把他们的新财富都耗费在自己的享乐上，这个世界很早就会发现这样的社会体制根本就不可容忍。富人们像蜜 12
蜂一样储蓄和积累财富，虽然他们这样做有自己狭隘的目的，但并没有减少他们对整个社会做出的贡献。

在战前的半个世纪里，对人类有巨大利益的大规模固定资本积累已经逐步形成。在一个财富均分的社会里，这种情况绝对不可能出现。在那个年代建造的铁路对后代子孙的意义，一点也不逊于埃及的金字塔。劳动者也不能自由地将自己的劳动，即时消费在与自己的努力完全等值的享乐上。

因此这一了不起的制度的发展是基于这一体制的故弄玄虚或者蒙骗。一方面，劳动者阶级由于无知或无能为力，或者由于风俗、习惯、权威和已经建立的社会良好秩序而被强迫、劝说或哄骗，从而接受了这种制度，在这一制度下，劳动者只能获取他们与自然和资本家合作生产的蛋糕的一小部分；另一方面，资本家阶级却将蛋糕中最好的部分据为己有，理论上，他们可以任意消费这块蛋糕，事实上，他们私下

> 里只消费了蛋糕的很小一个部分。“储蓄”的责任几乎就是全部美德，蛋糕的不断增大成为真正宗教信仰的目的。围绕永远不消费那块蛋糕产生的所有清教徒的本能，在其他年代里，已经从这个无视了生产艺术和享乐艺术的世界中消失了。这样的结果就是蛋糕被不断做大；但最终做大到什么程度却未曾明确考虑。人们得到劝告说，不能完全不消费，只需延迟消费就可以，人们还可以从延迟消费的安全感和期待中获得乐趣。储蓄的原意是为了养老或是为了自己的孩子，但这种说法也只存在于理论上：蛋糕的长处在于，它永远不会被你或者你的后代消费掉。

> 13 我这样写并不是在贬低那一代人的做法。在这种做法的无意识深处，社会知道所做的是什么。与满足消费欲望相比较，蛋糕确实非常小，如果让大家把蛋糕全部分光吃掉，没有人会觉得蛋糕分光后能让自己的状况更好。社会不是为了当前的些微快乐而工作，而是为了人类未来的安全和改善，实际上是为了“进步”而工作。[a]

凯恩斯在写于1918年的这本书中认为，战争已经摧毁了这个制度，但它又挣扎着站了起来。实际上，给这个制度以致命一击的并不是战争，而是30年代的大萧条。反思起来让人痛心的是，如果1931年后的英国政府知道如何通过和平手段实施充分就业，纳粹就不会上台了。但在民主国家，充分就业必须等待一场新的战争，从那以后，冷战和热战对维持充分就业做出了巨大的贡献。西方世界从市场经济的崩溃（苏联没有受到影响）中了解到，这块蛋糕已经很大了，如果不切开，它就会风干而变成碎屑。然而，我们并没有用以指导我们分享蛋糕的哲学。旧时的那首赞美诗把封建主义的魔力放在不平等的地位上。诗里并没有说：

董事会里有贵胄
贫民窟里住穷人。

那么，现在该给孩子们讲什么故事呢？

如果没有一方面“双重欺骗”的残酷剥削、另一方面执着于追求利润的人，就无法想象使现代工业成为可能的巨量积累。社会正义和政治平等会在这个制度发展壮大之前就扼杀了这一制度。在榨取盈余的那段时间里建立起来的机制和思维习惯，在不再有用但尚未被取代之后仍然存在。

自由放任的理念[1]，即商人知道何者为最佳，与有计划地保 14
持“高而稳定的就业水平”的需求明显相矛盾。在现代商业社会中，所有权与控制权的分离，与财产让权利具有正当责任的观念相矛盾。政府只需知道雇主和雇员之间按公平原则行事的观点，与控制货币收入和价格的要求相矛盾。供给与需求的自由运作会产生一个切实可行的国际贸易体系的观点，与没有一个国家在长期内不受支付危机的影响的现实相矛盾。

这些矛盾源自科学在技术上的应用使生产物质财富的巨大

能力成为可能而产生的重新调整社会组织的需要。

这些问题出现在西方工业国家。同时，西方工业国家在世界范围内的处境也发生了更重大的变化。现在，他们面临着现代工业的发展速度比他们自己快得多的社会主义国家的竞争，他们还受到苦难比财富增长更快的第三世界国家的包围。这些内部问题对这本小册子来说已经足够重要了。

一　收入与价格 15

对每一位公民来说，最棘手的经济问题是物价上涨问题。在过去的 15 年中，货币收入的增长总体上比物价上涨快得多；所谓的实际消费（购买商品和服务的价值除以物价指数）已经大幅增加。[2] 但实际收入的增长是任意分布于家庭与家庭之间。有些人的收入状况要好得多，有些人的收入状况就差一些，有些人的收入状况就更差了。

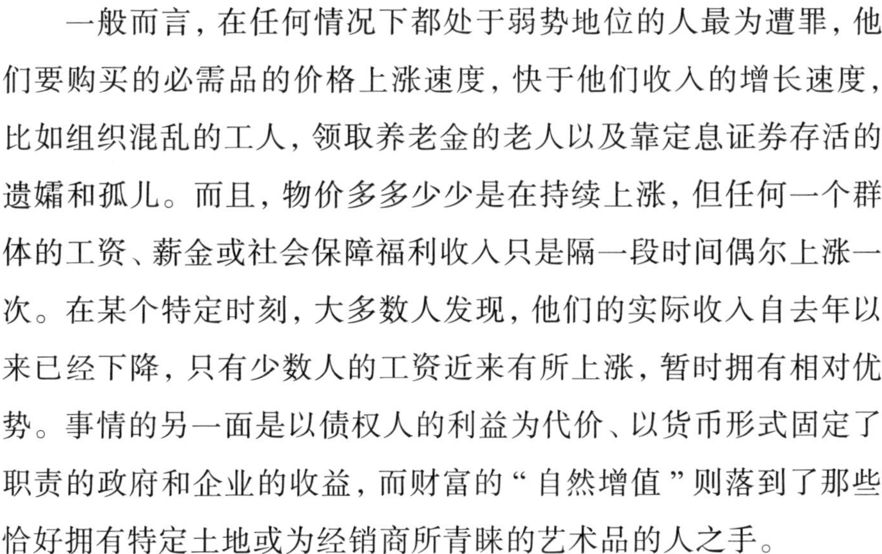

一般而言，在任何情况下都处于弱势地位的人最为遭罪，他们要购买的必需品的价格上涨速度，快于他们收入的增长速度，比如组织混乱的工人，领取养老金的老人以及靠定息证券存活的遗孀和孤儿。而且，物价多多少少是在持续上涨，但任何一个群体的工资、薪金或社会保障福利收入只是隔一段时间偶尔上涨一次。在某个特定时刻，大多数人发现，他们的实际收入自去年以来已经下降，只有少数人的工资近来有所上涨，暂时拥有相对优势。事情的另一面是以债权人的利益为代价、以货币形式固定了职责的政府和企业的收益，而财富的“自然增值”则落到了那些恰好拥有特定土地或为经销商所青睐的艺术品的人之手。

过去的理论认为，通货膨胀一旦发生，它一定会一路往前直到经济彻底崩溃为止，这个理论现在已经不可信了。经济以各种方式自我适应了货币价值逐渐下降的预期。比如说，遗孀和孤儿们现在也对那些货币价值随价格上涨（如果他们挑选得当的话）
16 的股票进行投资。修订过的法律也允许他们这样做，并允许设立让他们能够分散风险的诸如单位信托基金这类新的机构。收入的这种跃进式增长会从工会蔓延到各行各业。那些居于强势地位的人有能力保护自己，那些吃够通货膨胀苦头的人又不善于表达。因此，如今实施通货膨胀不会像过去那样承受媒体的恶评。

反对通货膨胀的最强有力的意见，并不是因为通货膨胀在国内引发痛苦，令人厌烦和沮丧才强烈反对通货膨胀，而是因为通货膨胀在国际竞争中具有极大的破坏性。在任何情况下都处于弱势地位的国家，当其成本（两种货币汇率固定的情况下）比竞争对手的成本上升更快时，就会陷入绝境。正因为如此，抑制物价上涨已成为英国的主要政策目标。

价格和成本

工资和价格的关系通常是用一种大体较为模糊的方式表述的。工资是成本的最大因素，也是需求的重要因素，因此，如果货币工资上升，商品价格也必然上涨。同时，物价上涨提高了生活成本，因而对工资提出了更高的要求，从而形成了恶性循环。

我们可以更为准确地对工资与价格的关系进行分析。一般而言，向公众出售的商品的价格，是由生产这些商品的企业制定的。价格是由成本决定的，但成本并不是一个简单的概念。主要成本包括工资、原材料以及电力等，多多少少受到每周产出变化的直接影响而发生变化，经营业务的各种开销、设备的保养和折旧以及净利润必须从一年的产出中收回。每单位产出的平均成本是多少必须以未来的销售量为估算基础，提前估算出来。

形成价格的常用方法是在主要成本的基础上加上一个百分比的毛利润，从而计算出合理而安全的净利润。[b] 批发利润和零售 17
利润也要加到生产者价格之中。因此，成本是价格的主要构成要素。除了自己的工资外，每位生产厂商的主要成本都包括了一笔支付给他人的款项，这笔款项其实就是包括了一笔利润的主要成本，这样，除了进口原材料外，主要成本由工资成本决定。因此我们才说，货币工资水平的普遍上升导致价格或多或少成比例上升。按照更高的价格购买商品的货币，是由更高的工资和伴随更高工资的更高利润提供的，因此，除了对外贸易，我们没有对这一过程做过检查。

还有其他影响价格总水平的因素。需求的轻微波动通常也会在保持利润不变的条件下影响产出，但总需求的急剧增长（比如，当税收减少或投资增加或军费支出增加时，会在不提供任何可供消耗的东西的情况下创造收入）为许多行业创造了卖方市场，在这个市场中，以正常利润出售的产出大于以现有产能可以生产的产出。有些厂商通过延长交货期来应对这种情况，但有些厂商则是通过提高价格来应对。因此，在提高供给能力之前，需求的增加有可能使价格相对于货币工资上涨。

在竞争激烈的市场上销售的原材料其价格不受加价制度的约束，但在供求关系的影响下，价格的变化非常大。[c]

此外，利润并不是完全刚性的。各种广告和营销压力形成的非价格竞争使得利润率普遍呈现上升趋势。就像军备竞赛一样，一个竞争对手担负的销售成本迫使其他竞争对手对此做出回应，这样一来，所有的竞争对手都发现，他们的成本上升了，因此，价格必须保持在更高的水平才能覆盖上升的成本。（当你购买一包
18 商品时，你相信自己是为购买这包商品而付出成本。）另一方面，竞争对手偶尔也会采用一种新的营销手段闯入市场，从而导致利润暴跌。有时，出于长期战略或公共政策的原因，一大批公司可能都会保持价格不变，从而放任利润在工资上涨时缩水，就像他们所说的，“吸收”上升的成本。[3] 如果这种情况大规模出现，卖方就会高兴地发现，随着实际收入的增加，公众的支出并没有减少，他们正在购买更多的商品，所以每年的利润并没有下降；总的来说，销售量的增加或多或少地补偿了单位利润的减少。当然，这种影响的分布并不均匀。有些卖家有亏损，而另外一些卖家则获得了利润。

提高生产力的总趋势可以降低商品价格。增加投资可以增加存量生产资本，技术改进和新商品进入大规模生产后可以提高就业人员的人均产出，因此，在既定货币工资水平下，可以降低单位生产成本。这里的前提是，利润的上涨不会抵消各种收益，那么工资上涨对价格的影响就会因此而有所减轻。

类似这些会对价格与货币工资关系产生影响的因素，才会对

实际工资产生重要影响，但相比较于工资对价格的影响，这些因素对价格绝对水平的影响有限，原因是，这些因素只能影响价格与工资的比例，而工资是可以无限倍增的。

工会成员经常反对将工资上涨归咎于物价上涨。为什么拿工资来说事呢？其他的收入呢？然而根据游戏规则，这并不是任何人行为恶劣的问题。在物价上涨的时候，工人要求提高工资不仅正确而且适当，这样做也阻止了价格的再次上涨。在工资上涨的时候，企业不是按照数量，而是按照主要成本上升的比例提高商品价格，也是很正常的事情。如果一个群体的收入提高了，其 19
他群体也提出相同的要求是完全合理的事情。总的来说，如果社会的就业水平较高，某些特殊技能或者某些特定地区的劳动力就会出现严重短缺。高效且具有开拓精神的公司，如果能得到更多的人手，就能进入有利可图的市场，所以他们通过提供高于工资标准的各种刺激手法（例如周日加班，周一休假）来吸引劳动力，得到更多的人手，从而进入有利可图的市场。由于这种竞争而产生的工资的浮动，可能会引领工会的要求，而不是服从工会的要求。有时候，修订工资标准会使工资更加低于上次谈判确定的收入水平。在有利可图的市场上扩大销售是企业的首要职责，为会员争取一份收益是工会的首要职责。这里没有任何人的行为是恶劣的。这里也没有任何人有错。这个体制就是如此这般运行的。

新的正统观念

在凯恩斯 1936 年出版的《就业、利息与货币通论》一书中，工业经济中货币工资水平决定价格水平这一命题，是全书分析中的一个基本要素。凯恩斯的部分观点，即政府需要采用政策来维持一个“较高而稳定的就业水平”的观点，甚至在 1945 年战争结束之前，就被英国接受为正统观点了，但涉及工资与价格的部分观点，却受到了长时间的抵制。我们很容易就能预见到，如果我们在制度和态度都不变的情况下，误打误撞进入了近似充分就业的状态，工资谈判的力量均势，将向有利于工人的一方倾斜，从而使工资和价格的恶性循环成为长期现象。[4] 然而，这一点花了大约十五年的实践才得以被学界透彻了解。许多专业经济学家和大多数财政官员仍然坚持认为，价格的变动与货币体系的管理有关。

也许这样一个观点，即货币的价值在于人与人之间的关系，而不是个人衡量自己的一个坚实且客观的标准，是对继承自自由放任全盛时期模糊但强有力的传统之情结的一大打击，这个打击甚于就业政策理念。此外，货币政策可以作为一个技术问题留给“专家”，这样就不会使利益冲突很快浮出水面。普通人更喜欢用简单的对与错来思考问题，而不喜欢别人跟他说，充分就业和稳定价格这两件好事可能会相互冲突。

然而，这种情况可能表明，一种新的正统观念终于建立起来了，现在，人们呼吁的是收入政策。[5]

收入政策

有一个学派主张，既然麻烦是由近似充分就业引起的，那我们就放弃近似充分就业吧。支持这种观点的学者认为，比如实施大约在 2% 到 3% 的“适度”失业率，将足以控制工资，确保物价稳定。[d] 尽管这种观点的证据极其不充分，但无论如何，故意采取这样冷酷无情的政策基本无法接受。即使是 1966 年 7 月的通货紧缩措施，也只是打算利用产业间劳动力重新配置的副效应，暂时增加失业率。因为收入政策要取决于工资冻结。

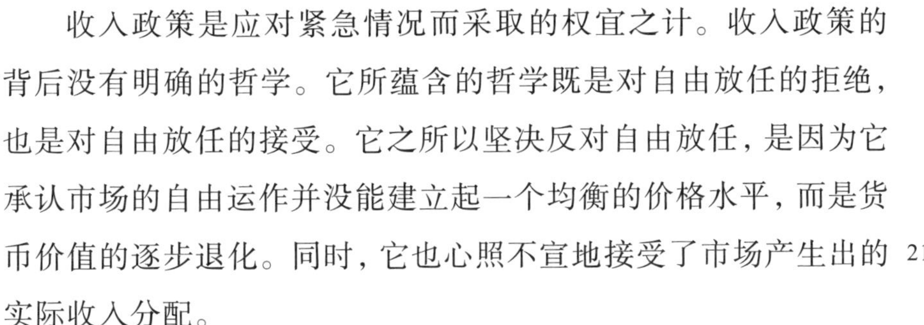

收入政策是应对紧急情况而采取的权宜之计。收入政策的背后没有明确的哲学。它所蕴含的哲学既是对自由放任的拒绝，也是对自由放任的接受。它之所以坚决反对自由放任，是因为它承认市场的自由运作并没能建立起一个均衡的价格水平，而是货币价值的逐步退化。同时，它也心照不宣地接受了市场产生出的 21
实际收入分配。

稳定物价的理想政策（暂时撇开国际因素不谈）需要货币工资总平均值按照人均产出总平均值的相同速度增长，这就要求平均价格水平不变，即对于最先进的行业来说，价格是下降的，但在生产率不能按照平均速度增长的行业，价格是上升的。（所有这些平均值都是用指数来大致表示的，不可能完全精确，因此即使理想值也不是很明确。）这样一个方案涉及工业收益中的固定利润率和固定工资份额（如果资本与产出的总比率没有明显变化的话）；资本随后从逐步增长的总平均利润中获得自己的那一份额。这也意味着，工资在产出价值中的份额是可以接受的。

荷兰曾经一度有意识地明确采用了这样的哲学。经济学家们计算出每年国民收入的百分比变动，工会也同意按相同的百分比上涨工资。（成功地运作了一段时间之后，荷兰在国际贸易中获得了优势地位，然而，由于放手企业为自己的扩张需求而争夺劳动力，使政策受到削弱，又由于德国用更高的工资吸引边境地区的劳动力，荷兰最后只能放宽工资的波动幅度。[e]）

英国的劳工运动是在争取更大份额蛋糕的斗争中建立起来的，无论英国工运的骑士们私下里相信什么，他们都不能公开投降，也不能同意“生产要素”各得其应得的自由放任原则。

这也不只是口头上的投降。当然，提高工资总水平的大部分好处由于物价上涨而有所损失，但也并非全部。如果工资压力得
22 到缓解，很可能由于生产率提高而降低的成本会被“吸收”；相反，价格或多或少能保持不变，利润得以上升。对工资限制的适当补偿就是在更先进的行业中降低产品价格。

从工会的角度来看，即使这一点也不能令人满意。工人们对他们所购买的产品的价格感兴趣，而不是对他们所生产的产品的价格感兴趣。每个企业的员工都希望他们自己的企业能够盈利，并与企业分享利润，无论这个利润是垄断利润还是非垄断企业的利润。在每一种特定情况下，如果双方都没有兴趣履行其条款，那么如何才能执行整个协议呢？

此外，每一个工人群体都认为，他们有权期望自己的企业提高效率后能给自己带来一些好处。事实上，让英国工业走出低谷的最大希望，是让工人们参与到提高生产力的事业中来，但这种做法不仅要避免某些限制竞争的做法和毫无意义的设限的争议，而且要积极与管理层合作，以激励管理层降低成本。就好像每种职业都应该因其自身的生产力而得到奖励那样，政府宣布的收入政策，通常是将工资的增长限制在产出的增长上。不同生产部门和贸易部门收益的相对差异，部分是由于相关工人的个人效率存在差异，但更重要的原因是，在争取市场需求方面、在特定生产线的技术条件下以及在管理能力和管理技巧方面，运气使然的结果。我们不应该责怪那些不那么先进的行业的工人。市场体系的基本原则是，进步带来的好处是整体传递给全社会的，不会固步自封在它们碰巧出现的行业中。基于差别生产率的工资制度在开始之前就被证明是行不通的。

这些困难与工作和财产之间的总体收入分配有关。不同种 23
类的工作所提供的相对收益也制造了极大的困难。这个社会对不同职业的价值评判非常武断，这种武断评判有着悠久的历史渊源。在一个近似充分就业和教育机会不断增长的时代，供给和需求会对它们产生影响，但市场运作的影响却非常缓慢。我们需要清醒的政策来纠正可能招致招募不到一些必要行业人员的某种不正常现象，比如煤矿工人或者学校教师。但一旦我们开始思考这种事情，那么什么才是非正常的现象呢？整件事情似乎与我们的正义观和道德观不相契合。[f]

所有这些叠加在一起就是通货膨胀过程所产生的非正常现象。通过这种竞相调高工资的跃进式体制，一组接一组工人都提高了工资，但是，最后总是会有应该加薪而没有加薪的人。为了让收入政策一开始就较为公平，应该在排头静止不动的时候，让垫尾的赶上来。原则上，这是可以接受的，但应用起来却非常不完善——人们发现法官比海员更容易赶上来。从任何一个特定日期强制实施全面管制措施，都会留下许多让人耿耿于怀的怨恨，要求工会执行其会员认为不公平的政策，就将工会置于一个为难的境地，而事实也确实如此。

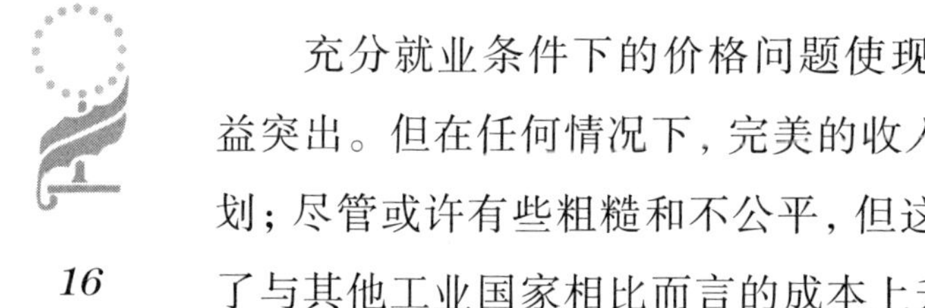

充分就业条件下的价格问题使现代资本主义的种种矛盾日益突出。但在任何情况下，完美的收入政策都是一种乌托邦式计划；尽管或许有些粗糙和不公平，但这样的政策可能成功地减缓了与其他工业国家相比而言的成本上升速度，从而在国际贸易中为英国提供了更好的机会。这已经远远超过了任何寻求社会正义的努力，也应该是这个国家的主要目标。

二 贸易收支 24

国际贸易的问题比相对通货膨胀率更为严重。在市场经济中，没有特别的理由可以期望每个国家都能够保持贸易平衡。在不考虑经济便利性的条件下，历史因素和地理因素使各个国家形态各异，大小各不相同。随着人口的增长以及偏好和技术的变化，贸易领域中不同商品和服务的供需模式也在不断发生变化；地球表面某一地区的居民任何时候都能发现，他们国家的自然资源或累积资源、他们的技能和创造力、他们的市场关系和商业头脑，使他们可以轻松地将更多的东西卖给他人，而且，他们卖出的东西比从他人那里购买的东西要多，而对方却发现自己将乐意卖给他们。

英国的赤字

今天的英国经济正处于经济发展史上一个尴尬的阶段。英国1914年之前在世界贸易中所处的主导地位，已经开始下滑。两次世界大战和两次大战之间的衰退，促使许多市场提高了本土产品的竞争力。现在兰开夏郡必须面对来自各国的廉价纺织品的竞争，这是那些曾经被人用自由贸易的名义鼓动其毁掉本土产业的国家的产品。另一个重要的大宗出口商品煤炭，已经因技术发展而被淘汰。在贸易顺差和帝国主义攫取土地的时代，食利阶层的收入——海外投资的利息和利润——是出口的一个重要替代品。这笔收入大大减少了由于动员外国证券来支付战时物资而产生的沉重债务（战争在很大程度上也是根据市场原则进行的）。
25 大英帝国的解体使英国丧失了以往的特权。美国工业更高的效率尚未完全被较高的工资所抵消，西欧和日本的迅速崛起，加剧了英国曾经不用费力就能主导的出口市场的竞争。另一方面，人口的增长、持续的近似充分就业和不断增长的消费，增加了对进口产品的需求。在一个没有自然资源的国家，大量的经济活动需要大量的原材料进口。近来，由于我们的现代竞争对手不仅在第三方市场，而且还在国内市场与我们竞争，所以制成品的进口也有了显著增长。

当然，新的竞争对手应该以牺牲旧的竞争对手为代价来提高他们在贸易中的份额，但这样并没有减轻任何痛苦。英国工业未能保持自己的竞争地位，部分原因是自满。英国商人认为，英国商品是最好的商品，如果愚蠢的外国人认识不到这一点，那是他们的损失。英国商人的这种态度既表现在平庸的销售技巧上，也表现在糟糕的产品设计上。英国陷入这种尴尬的地步，部分原因是国内市场的活跃，使得利润更容易在国内获得；部分原因是对传统市场的依赖，而传统市场的时运不济，因而收入和需求的增长都相对较为缓慢；部分原因则是行业发展中的不恰当的选择。

成本的上升使情况变得更加糟糕，相对较低的价格有助于克服其他缺点，但是如果有人设想通过一个非常成功的收入政策就能达到这个目的，那么这个想法也是徒劳无功的。[g]

自由放任的传统是，商人最清楚什么对我们有利，但不幸的是，目前的这一段经历已经破坏了这一传统，自由放任的捍卫者现在不得不绝望地承认——其他所有事情都会变得更为糟糕。

但我们的麻烦并不仅仅是因为市场体系的运行，不恰当的对外政策对此有很大的贡献。

不管它是不是为了这个目的而发明的，冷战对美国的影响是 26
允许“军工联合企业”消耗美国工业惊人的生产力的绝大部分，从而在不必采取任何手段挑战自由放任原则的条件下，保持繁荣并抵御萧条。但对英国经济来说，这样做不但没有益处，而且具有灾难性。军费开支以货币的形式吸收了与整个工业投资一样多的资金，[6]投资占比超过了在高技术和科研能力方面的投资份额。这就在某种无法估算的程度上削弱了我们的竞争力。（德国和日本战后重建中的快速启动，在很大程度上就是得益于禁止他们重整军备，从而迫使他们有效地利用自己的可投资资源。）我们不得不损失了军人们本来可以从事的那部分生产，并承担他们派驻海外所造成的费用，这就给我们的贸易收支带来了沉重的负担。在苏伊士运河以东进行的小规模战争中，这笔“维护和平”的费用过去是由印度承担的（当军官和行政官员带着养老金回国的时候，甚至可以使英国的国际收支从中赢利）。一旦我们失去了实质性的东西，继续保持实力就会进一步削弱我们的实力。

此外最重要的是，英国企业的大笔海外投资超过了外国在英国的长期投资，尽管这对于发展中国家也算是一种援助。因此，我们需要大笔的贸易顺差来弥补这些海外开支，但实际上我们现在的情况是贸易逆差。同时，由于已经用短期借贷弥补了贸易差额，从而引发了我们在下一章要讨论的金融问题。[7]

行而有则

国际收支的恶化与生产力的缓慢增长形成了恶性循环。要实现工业现代化就必须有投资，但大量的投资一定带来大量的经
27 济活动。大量引入的进口，以及蓬勃发展的国内市场的吸引力，减慢了商人寻找出口渠道的步伐。应对贸易收支恶化的传统补救办法，就是实施信贷紧缩。在伦敦实行自由放任制度的时候，这一机制的运行显得既简单又顺畅。收入类账户余额（贸易余额加上对外投资净收入）持续顺差。[8]总体逆差只是意味着贷款的外流有些过多而已，提高国内的银行利率就足以抑制这一趋势。根据这一经验，经济学家建立了货币政策有能力控制经济的神话。由于这一神话主张金融具有控制产业的权威力量，所以银行家们自然愿意相信。按照这一理论，限制借贷将抑制需求，从而降低价格，并因此“恢复平衡”。[h]

通过货币政策来平衡贸易差额（而不是借贷平衡），就需要充分减少经济活动以便削减进口——这是一种通过杀死病人来治愈疾病的残忍且不经济的疗法。

传统观念最坚定的拥护者不会真正面对实际执行政策的过程，但每次工业开始加速增长就出现的周期性冲击，都会令人困惑和沮丧。毫无疑问，这一经历使长期问题雪上加霜。1966 年 7 月的恐慌好像有所不同，但实质上几乎还是传统问题。

反之，经济的缓慢增长导致了成本的上升；如果经济平均增长率每年可以达到 5% 的话，实施工资政策要比经济平均增长率为 2% 的时候容易很多。这就可以在不过快地提高平均增长率的情况下，有了更多的空间来进行必要的相对调整。此外，实际工资本身的明显增长也减少了不满情绪，从而缓解了要求增加工资的压力。因此，缓慢增长使增长更为放缓。

解决方法

很明显，旧时的政策已经走到了绝境。还有什么其他的解决办法呢？当然，最好的情况是英国工业的热情和能量都奇迹般地高涨 28
起来，但是，当局似乎找不到一个释放热情的春天。大多数人并不想努力提高效率。他们宁愿勉强应付，做事不比他们的邻居差就行，从私人生活中得到他们所能得到的乐趣。这无疑是一种非常明智的态度。在赢得这场战争的胜利之后，战败国家的竞争步伐快于我们的想象，被战败国家推着向前是一件让人非常疲惫的事情。

矛盾心理

无论我们奉行什么样的政策，肯定都会受到来自国外的抱怨。我们的赤字是一个丑闻，从某种意义上讲，这个赤字扰乱了世界的金融稳定，但我们无论采用何种方式消除赤字，都会以另一种方式扰乱世界金融稳定，因为，在保持我们的赤字的同时，其他贸易国也从我们的赤字中获益。正常情况下，资本主义世界是一个**买方市场**，从这个意义上说，资本主义世界有能力以令人满意的价格销售更多的产品。任何一个购买量超过销售量的国家，都有助于其他国家维持自己的利润和就业。削减英国的赤字就意味着削减其他国家的盈余，无论采取何种手段，结果都只能是给他们带来痛苦。

这种情况将一种矛盾心理引入了英国的政策。我们注定要得罪人，但我们不能失去朋友。之所以反对所建议的任何措施，就是因为这些措施可能会带来某些好处。

例如，1964 年英国对制成品进口征收了 15% 的附加税。征收附加税旨在使进口的暂时大幅下降，并不是为了永久性地纠正贸易差额危机的措施。在附加税还没有来得及发挥更多作用之前，来自国外的不满就让附加税率降到了 10%，政府还宣布将于 1966 年秋季取消附加税（当时，一场更严重的危机已经爆发）。

29 **贸易保护**

实际上，附加税违反了我们的约定，在第一次世界大战后的重建时期，我们再一次尝试恢复自由放任的游戏规则，尽管也做了一些修改。《关税及贸易总协定》禁止使用各种方法对出口进行补贴；目的是普遍降低保护性进口关税，同时，禁止增加任何旨在将贸易引入特定渠道的优惠条件，但关税同盟百分之百的优惠除外，这表明，自由贸易神圣理论不合逻辑地允许接受这种优惠条件。[9]

无论如何，贸易保护不能为英国问题提供永久性的解决方案。贸易保护在短期内有助于贸易收支的平衡，办法是限制商品进口，以及引导消费者对国内商品（尽管比国外的替代品更贵而且更不受欢迎）的需求，但也正是出于这个原因，贸易保护减轻了国内产业的进口压力，并使长期局势更加恶化。

另一方面，推进《关税及贸易总协定》并确保全面降低关税也解决不了问题，因为我们国家的出口不足绝不仅仅是因为其他国家的关税。

货币贬值

战后重建的另一个因素是国际货币基金组织，该组织的基本原则是，除非是处理国际收支中的“根本性不平衡”，否则不允许汇率贬值。如果说曾经出现过一个根本性不平衡的案例，那就是今天英国的情况，但是，世界金融当局绝不会接受英镑的贬值。没有哪个大国对自己的汇率有自主控制权。只有在其他国家愿意它贬值的情况下，它才能实施货币贬值。毫无疑问，在某些阶段，我们必须对汇率进行总体调整。同时，如果我们有随意调整
汇率的自由，英镑贬值还是有助于解决我们的问题，虽然远不是 30
可靠的解决办法。

贬值是通过使所有的外国商品在国内更贵、所有的国内商品

在国外更便宜来实现的。因此，贬值是相对进口实施的一般性保护，而使出口更具竞争优势。出于同样的道理，贬值使出口产品相对有利可图，也使国内商品能够与进口商品竞争。在许多生产行业存在失业和闲置产能的情况下，贬值可以增加生产活动，并一举改善贸易收支状况。但是，如果已经达成近似充分就业状况，贬值就只会增加对劳动力需求的压力，而进口价格的上涨又加大了提高货币工资的压力，因此，贬值之后不久，较低的国内成本的竞争优势就会完全丧失殆尽。[10]

简言之，只要我们在近似充分就业条件下，在所有其他方面都采取自由放任的做法，我们就走不出这一困境。

关税同盟

有人建议我们加入6个自称属于“欧洲”的国家组成的联盟，以解决我们的问题。在第一次讨论欧洲共同市场的时候，大不列颠对此不屑一顾。但为了抵消影响，英国提议建立自由贸易区，就像有头脑的人所说的那样，这一提议搞得欧洲乱七八糟（at sixes and sevens）*。后来，我们觉得由6个国家组成的欧洲共同市场做得比我们更为成功，且他们的竞争也开始变得更加激烈的时候，我们主动提出愿意根据自己的条件加入6国共同体，但我们

* at sixes and sevens：形容处境、状态一片混乱或环境凌乱不堪、乱七八糟。用在这里是一个双关语：当时加入欧洲共同体的一共是6个国家（法国、联邦德国、意大利、荷兰、比利时和卢森堡），英国提议建立的欧洲自由联盟（也称为小自由贸易区）一共有7个国家（奥地利、丹麦、挪威、葡萄牙、瑞典、瑞士和英国）。6国对7国。——译者

的申请遭到了拒绝。1966 年，矛盾情绪四处蔓延。

这里涉及的问题要广泛很多，远不止是贸易问题。在英国这个国家，任何牺牲国家主权的行为都会遭到强烈反对，任何损害英联邦利益以取悦新伙伴的可能都会遭人痛恨。英国首相已经宣布英国有加入欧洲共同体的“政治意愿”，但是，这个动议还没有提交给选民，而且，各种意见明显存在严重分歧。另一方面， 31
美国和西德同样存在深刻分歧，尤其是与两国关系有关。

仅就贸易而言，欧洲经济共同体似乎没有扩大自身的任何动机。关税同盟的优势在于，同盟国家之间可以相互提供市场，以优先从成员国进口货物的优惠来换取对自己的优惠，从而使得各自的产业能够专业化，以安全的出口发展生产能力，获得规模经济优势。这种优惠是以牺牲同盟之外的国家为代价的。关税同盟的范围越广，它所提供的优势相比于自由贸易带来的改变和机会就越小。

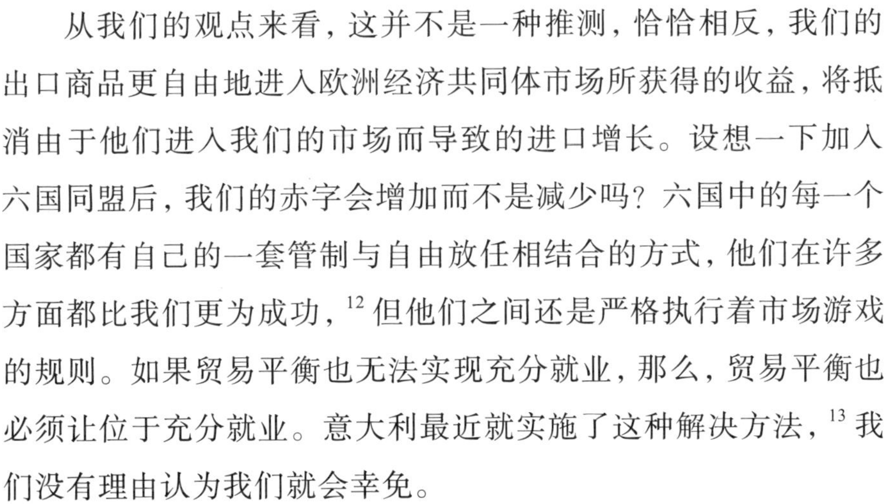

从我们的观点来看，这并不是一种推测，恰恰相反，我们的出口商品更自由地进入欧洲经济共同体市场所获得的收益，将抵消由于他们进入我们的市场而导致的进口增长。设想一下加入六国同盟后，我们的赤字会增加而不是减少吗？六国中的每一个国家都有自己的一套管制与自由放任相结合的方式，他们在许多方面都比我们更为成功，[12] 但他们之间还是严格执行着市场游戏的规则。如果贸易平衡也无法实现充分就业，那么，贸易平衡也必须让位于充分就业。意大利最近就实施了这种解决方法，[13] 我们没有理由认为我们就会幸免。

别国的麻烦

历史的剧烈摆动将英国从主导世界经济的位置上摇了下来，但属于英国的制度和做事风格并没有随之发生改变，从而造成了国际贸易异常巨大的失衡。然而，每个国家都有可能在某个时候遇到麻烦。

就在此时，美国正在经受着一种与我们的赤字完全不同的赤字所带来的痛苦。美国经常账户的收益项存在着巨额顺差，但并
32 没有多到足以与政府的海外支出和寻求海外盈利投资的私人资本的流出相匹配的地步。[14] 如果进口超过了出口，比如在意大利和日本出现的情况，快速增长就必须加以抑制。法国就多次采用货币贬值的手段逃过一劫。

虽然很少见，但一个国家也有可能拥有极有利的贸易顺差。如果一个国家的政府没有海外义务，该国的资本家也没有特别的意愿向国外放贷，那么，五花八门的竞争方式可能会为该国带来出口盈余。这笔盈余是由世界上其他损失了货币储备的国家支付给这个盈余国家的。根据以往的正统观念，这种情况应该会导致信贷宽松并刺激投资的增长。但如果已经达到了近似充分就业，那么唯一的后果将是通货膨胀。如果出现了这种情况，就只有在减少出口行业就业的条件下，国内投资才能增加。在德国，这种情况已经引出了一个非常罕见的案例，即为了降低一个国家令世界其他国家苦恼的竞争优势，故意让自己的汇率升值。[15]

美好时光

在 1914 年之前，自由放任制度似乎运行得很平稳，那么，它在没有造成这些持续的尴尬的情况下是如何做到平稳运行的呢？

这里主要有三个原因。首先，对资本主义的地理扩张来说，出口和金融两方面都要有一个主要来源。如果在新大陆或者殖民地进行投资，地方工业根本无法提供资本品，当地收入也无法提供储蓄。因此，投资造成了主要来自英国的出口，从而产生了入超。与此同时，由于地方金融机构无法提供融资，这样又引来了大部分出自同一来源的海外贷款。由此可见，由于放任市场体制不受约束地运行，收入类账户的顺差和逆差以及借款贷款模式都多多少少得到了协调发展。货币机制只是用来调节一些微小的差异。20 世纪 20 年代，当这个机制在缺乏内在协调的条件下恢复运行的时候，就遭受了一次重大的打击。到了 60 年代，这个机制仍然难以解决它必须处理的问题。

第二，英国的海外投资是以寻求利润为导向的，主要目的是为了开拓国内已经有了市场的食品和原材料的供应渠道。因此，这些海外投资促进了出口的流动，以满足为其提供资金的资本所要求的利息和利润。

最后，没有人在那些日子里为就业问题烦心过。对于顺差国家来说，如果出口下滑导致国内经济衰退，那就太糟糕了。但只要英镑保持坚挺，就不需要采取任何行动。在一个不能继续吸引盈利性贷款的逆差国家，收入会一直下跌直到逆差消失为止。能够自由管理本国事务的逆差国家采取的保护措施是，在国内建立进口节约型产业，而那些无法自由管理本国事务的国家依然是“欠发达国家”。

这就是我们过去的美好时光，但按照伦敦的观点，这个体制表面的光鲜无瑕在一定程度上是一种错觉。在表象之下，紧张的局势逐渐加剧，并很快就将这一体制弄得支离破碎。对过去的怀念是愚蠢的，因为过去的一切都是为了创造现在。

三　国际金融 34

国家之间的贸易和资本流动问题，不时以金融危机的形式浮出水面。

即使是在自由放任的鼎盛时期，各国政府也承认，本国货币要予以适当的关注；因为一国当局要关注本国的货币，所以他们必须关心国际收支平衡问题。

货币的意义

货币是人们认可的一种支付手段。在一个国家内，某些交换媒介，比如国库券，可被视为是法定货币，但没有办法仅仅通过一个法令，就可以使一个国家的货币被另一个国家所接受。

在每一个国家，信贷都是官方法定货币的替代补充。银行等信誉良好的机构可以接受第三方提出的清偿要求。由此，人们养成了在银行存款以及用支票转账等便利省事的习惯。银行必须保留一笔法定存款准备金（部分是以中央银行存款的形式），以满足任何可能出现的超额拨付要求；为了维持良好的声誉，银行必须保证自己的准备金充足率。当人们怀疑一家银行可能无法满足对它的所有清偿要求时，每个存款人都希望先于其他人把钱从这家银行取出来，于是就会出现对这家银行的挤兑。

目前，各国都通过法律和常规规则给银行施加了诸多限制条件，就是为了防止银行陷入这种困境，但国际信用体系现在仍然处于初级发展阶段。

35 国际储备

对于任何一个国家来说，与其他国家发生的大部分进出口支付，一般情况下都会相互抵消，但日复一日每个国家都会留下少部分余额。货币的相互可兑换性，使一方的超额收入可以抵消另一方的赤字，这对所有各相关方都是一种极大的便利。既然如此，我们需要一种国际上可接受的交换媒介来解决每个国家与世界其他国家的进出口支付之间的差额。保护本国货币可兑换性的责任，落在每个国家的中央银行身上（美国是联邦储备委员会）。因此，每一家中央银行都不得不持有国际货币储备，这与普通银行持有本国货币储备的方式大致相同。

凭借着悠久的历史传统，黄金成为国际公认的支付手段。黄金的身上笼罩着一种使它成为价值象征和价值体现的神秘光环，但现在的情况是，黄金的价值，即它对其他一切东西的购买力，取决于中央银行以本国货币计算的黄金价格以及这些货币对其他货币的购买力。

自 1933 年以来，以美元计算的黄金价格没有发生什么变化，而其他一切东西的价格都在上涨。因此，按其他一切东西计算的

黄金价值已经下跌。此外，贸易流量和资本流动的实际价值也
在增长，加入这一体系的国家数量也在增多。[16] 正是因为这个原
因，这一体系已经开发出一种用可接受货币来清偿债务以补充黄
金的方法。[17] 由于美国在今天的资本主义世界中占据的主导地
位，美元成为了一种可接受货币，而英镑之所以也是可接受货币，
是因为它在过去的世界里一直占据着主导地位，也因为在伦敦发
展起来的货币交易设施已经非常完善和成熟。只要对货币的可 36
兑换性有信心，而且不担心它会被用于政治目的，用优质货币作
储备就比储备黄金具有优越性，因为用它可以赚取利息，还可以
在必须动用时以更低的成本转移出去。不仅中央银行，各类金
融机构都发现，用这些关键货币中的某一种来持有收支余额非常
便利。

储备竞争

这个体系丝毫不能让人满意。当前，由于不同的原因，两种主要货币都面临着赤字不断发展、储备不断损失的趋势。货币管理当局对储备不断损失的传统反应，就是提高利率从而让自己的货币更具吸引力。通过提高利率，货币当局成功地吸引了国外资金持有人手中的存款，并正在通过短期借贷来抵消贸易和长期借贷造成的赤字，而国外资金持有人也发现，这是一个更为适当的存放手中资金的地方。这种做法可以抑制储备的外流，到目前为止，一直做得都还不错。但是，虽然货币当局通过吸引其他国家的货币在很大程度上解决了自己国家的问题，却削弱了他国的货

币。反过来，对方国家的货币当局也不得不提高利率来保护自己国家的储备。利率的提升以及使其发挥作用所需要的信贷紧缩，拖累了每个国家的投资。幸运的是，到目前为止，这种做法还没有成功地使世界经济突然陷入衰退，但它正朝着这个方向发展。

1914 年之前

由于英镑的强势地位，当伦敦开始实施金本位制的时候，英国并没有感受到国际货币体系中的通货紧缩扭曲现象。在投资高企的世界经济繁荣时期，如果放贷数额超过了收入类账户的盈余，银行利率的小幅上升就足以让投资回落。借款国能够感受到

37 通货膨胀的抑制作用，贷款国则感受不到。在世界上投资水平较低的地区，贷款的减少（由于缺乏借款人）要快于出口顺差的减少（由于缺乏买家），因此英镑坚挺。由于出口下降导致的失业，并不会因为国内信贷的紧缩而恶化。

1925—1931 年

1925 年恢复金本位制的时候，英镑疲软，部分原因是，在 1914 年到 1918 年第一次世界大战之后，收入类账户的顺差大幅减少；部分原因是，在对财政声望的情绪化看法的影响下，[i] 采用了相对美元而言的高估英镑的汇率。在当时已经无业可就的情况下，我们却不得不限制信贷需求。在这场自我折磨中，1931 年的一场英镑信心危机将我们拯救了出来，这场危机耗尽了我们的储备，从而迫使英镑贬值。与此同时，资本主义世界陷入了大萧

条；失业率持续上升，但正是在这个地方，贬值在某种程度上有助于抑制失业。[j] 1933 年，罗斯福总统提高了黄金的美元价格，从而使美元贬值，罗斯福此举不是因为黄金的储备不足，而是他认为，此举可能有助于缓解国内的经济萧条。

信心危机

在经历了 20 世纪 30 年代的情形之后，我们已经无法恢复对任何货币兑换价值的充分信任了。如果有理由预期一种货币有可能贬值，就会出现货币“外逃”的现象，这就类似于对一家银行的挤兑，这家银行的储户担心银行可能会关门，每个人都希望在贬值发生之前，将自己储存在银行的弱势货币取出来，兑换为强势货币。英镑的疲软是由于英国的国际收支收入类账户上逆差持续发展的长期趋势，加之手上持有作为主要货币的大量不稳定存款，使得英镑长期处于脆弱状态。

货币外逃也可能是出于政治原因。一个国家“接纳左派” 38
(opening to the left)会遭到国内外金融家们的一致反对，这些金融家会用优先选择其他国家货币的方式表达自己的意见。工党政府致力于维持英镑汇率的立场尤其让人尴尬，因为工党必须说服比保守派更为激进的支持者，同时还要说服不如保守派那么激进的国际金融机构。

金融危机产生于贸易收支带来的实际问题，但这可能是另外的问题。可以这么说，危机有它自己的逻辑。或许，1964 年的人们可能会认为，英镑贬值本身不会产生足够的出口盈余，而且，如果还需要采取其他的措施，就更没有必要实施贬值了。从这一观点来看，“拯救英镑”的政策就实际问题而言较为合理（尽管毫无疑问，这一决定是出于政治动机而非经济动机）。为了便于讨论，我们姑且承认这个观点具有正确性，但很显然，面对信心危机的时候，为执行这项政策而采取的必要压制措施，使我们的所有问题都更加难以解决。

国际流动性

增加国际货币供应量的一种方法是提高黄金价格。联邦储备委员可以在一两天之内通过提高以美元计价的黄金价格做到这一点。其他国家的货币也会仿效行事。（有些国家可能会利用这个机会将价格再提高一点点，从而让本国货币相对美元贬值，由此获得对美国的竞争优势。）

这项政策一直被大力提倡[k]，但它具有严重缺陷。储备增加
39 的好处将会在各国中央银行之间任意分配。在资本主义世界中特别不受待见的两大黄金生产国南非和苏联，将受益于其出口产品购买力的肆意增长。最重要的是，黄金的声望将会大大提高，主要货币的声望则将彻底崩溃，因此从长远来看，可供接受的国际货币供应量将减少而不是增加。

在有关战后世界经济重建的讨论中，凯恩斯提出了一个更为合理的权宜之计。[1]凯恩斯主张建立一个实际上超主权的中央银行机构，这个机构将接受由各国中央银行缴纳的一笔议定数额的存款份额，各国央行可以用黄金换取这笔他提议命名为班柯

(bancor)的世界储备货币。为了确保班柯的可接受性，超主权中央银行必须采取一定的安全措施对班柯加以维护。一旦确定了班柯为可接受的国际货币，第一步要按照商定的数量，以某种可接受的原则，给出班柯这个人造黄金的价值。而且，班柯的数量还可以根据国际金融领域的需要予以增加。但在美国的影响下，凯恩斯的这一方案被否决，取而代之的是国际货币基金组织，该组织只向各国政府提供以某种苛刻条件借款的权利。尽管主权国家总是很难就任何合理的方案达成一致意见，但目前这种令人极其不满意的情况，已经形成了某种有利于班柯的舆论。

英镑

英镑的具体困难是一个比一般的国际流动性问题更为突出
的问题。由于历史的原因，用一种公然且明显具有贬值风险的货
币来持有大量短期负债的情况，必然会不时引起(英镑)外逃或者
外逃的威胁。为了维持英镑关键货币的地位，国际金融当局应该 40
提供能使存款人信服的充足的储备，从而维护存款人的信心。恢复贸易差额所需的各种措施，就可以在不增加金融危机之额外麻烦的情况下进行。但这并不是国际金融机构所做的那种事情(部分是因为他们一直相信，没有金融危机的压力就绝不会采取必要措施)。在信任危机爆发后，他们会采用贷款这个方式来平息这个局面。因此不得不动用贷款，贷款是需要偿还的，偿还贷款的需要就给未来的国际收支增加了额外负担，所以，后一种状况比第一种状况更糟。

资本流动

1964年的英镑事件只是一个让人印象尤为深刻的例子，这个例子说明，在现行的国际金融关系体系中，在管理各国货币的汇率方面，缺少一个普遍接受的原则。

金本位制

1914年解体的金本位制是在一个历史进程中发展起来的货币体制，而不是经由刻意的设计而形成的现在这种运行方式。在这一货币体制下，各个主要金融中心的货币管理当局承诺，按照本国货币的固定价格买卖黄金。每个中心选择的黄金价格，都在一个狭窄的范围内，固定了本中心货币与另一中心货币之间的汇率。本币与黄金的可兑换性就是耶和华的约柜(the ark of the covenant)；维持汇率的稳定是所有经济政策的主要目标。

依据金本位制建立的游戏规则，确保了没有一个国家向外贷款的数额能够超过其国际收支账户中收入类账户的盈余。如果有国家这样做了，这个国家拿出来用于交易的货币就会超过需求，汇率也会因此跌落到金平价以下，这样一来，出口黄金将
41 变得有利可图。随之而来的结果是必须停止对黄金储备的消耗。出于同样的原因，任何国家出现在收入类账户上的赤字，都不能超过它能够吸引的资本流入。

反过来说，一个放贷数额少于其收入类账户盈余的国家，有可能会吸引其他国家的黄金，但这并不是按照规则进行的游戏。这里最恰当的做法就是降低利率，降低利率是为了增加资本外流，并刺激国内需求，从而减少本国的盈余。

英国贷款

过去的金本位制度规定，一国的资本流出数额不能超过其收入类账户的盈余，现在这一规定已经失效。尽管收入类账户已经出现了赤字，但英国仍在进行海外投资。英国的这种做法加剧了英镑的疲软，因此必须通过短期借款进行抵消。英国不允许英国公民在英镑区[18]以外净买入外国证券。长期贷款采用的主要形式是直接投资境外企业以及就地留存所赚利润的方式。

从英国国际收支的角度看，它的理由是，这种做法会产生一笔以汇出利润的形式或者设备供应商订单形式等体现的未来收益，如果不这样做的话，利润将流向竞争对手的出口商，这样，预期在未来出现的缓解证明了当前额外压力的合理性。[19]这个论点的说服力取决于有哪些其他措施可以用来调整国际收支平衡。

给予发展中国家的援助（与我们所谈论的所有援助相比，这只是一个严重不足的涓涓细流），大部分只能用于购买英国商品。就其所能得到的（否则就没有）出口额而言，并没有对国际收支产生什么影响。

美国贷款 42

从美国流出的资本，部分采用的形式是购买代表存量资本的证券。美国的财富所有者碰巧发现某些外国证券很有吸引力。支付这些证券的利息或股息，是出售这些证券的国家其国际收支账户的未来负担，因而要求在贸易账户上有相应的盈余。

除此之外，美国私人资本的外流主要采用美国大公司为子公司进行资本融资的形式。这已经不再是殖民地投资类型，开发资源，建立出口流量，以匹配必须支付给美国股东的利润。美国大公司的目的主要是为了利用发达国家的市场。[20]但在实际上，子公司更多的是在促进进口而不是促进出口，原因在于，子公司对母公司的零备件等一直都有需求，并因此而产生了外派员工的汇款。如果马克思关于资本为了剥削而寻找劳动的说法是正确的话，那么亚洲、非洲和拉丁美洲这些人口过多的国家将会快速发展起来。如今，资本在为自己的产品寻找市场，并提供机器人来替代劳动力。与之竞争的当地资本家，以及担心丧失独立性的政府，对允许这种情况继续下去的体制深恶痛绝。

一个像法国这样的国家，虽然在收入类账户上没有赤字，但仍然在用这种方式接受外国资本，以期匹配通过短期贷款(即通过获得美元)而产生的长期借款。戴高乐将军认为这是一个骗局，要求用黄金进行支付。这也是美元疲软的一个因素。为了保护美元，美国的利率被迫上调，而英镑则受到了侧面打击。

汇　　率

金本位制的第二条规则是任何一个利率相对于其他国家上

升的国家，或者由于任何原因在国际竞争中失去了立足之地的国 43
家，都应忍受恰当的失业率来降低成本。货币的可兑换性神圣不可侵犯，其他一切都必须让路。但这条规则已经在大萧条时期被证明是无法运行的，也导致了金本位制度在20世纪20年代部分恢复，并在30年代崩溃。

可调整钉住汇率

国际货币基金组织的基本概念是，各国货币必须在一定的范围内把汇率维持在其创建时的水平上，只有在出现了“根本性失衡”的情况之时，基金组织才会允许汇率发生变动。国际货币基金的这个概念模糊不清，也没有试图对评判标准做出定义。无论如何，这一货币体系在战后重建的波涛汹涌水域中过早地浮出了水面，而这时，世界对国际货币基金组织之权威的信任还没有建立起来。现在，汇率成了国家和国际的政治压力的变种，我们看到的结果并不令人满意。

浮动汇率

在缺乏任何可接受的汇率管理原则的情况下，有一个思想流派坚持认为，汇率这个问题应该留待市场自行解决。

从贸易平衡的角度来说，这个论点听起来很有吸引力。因为它可以让每个国家保持充分就业。如果出口额不足以支付进口费用，那么就让汇率下降，从而刺激出口和限制进口（当然，前提是货币工资率的快速上升不会很快抵消这一好处），从而恢复贸易平衡。

应当承认，如果市场真的是自由市场，剧烈而无益的扰动都会发生。为了防止出现这种情况，各国央行必须通过暂时损失或
44 增加储备，来维持外汇市场的日常稳定性，同时还要允许各国在贸易中采取适合其竞争地位的行动。

实际上这就意味着，并不是由市场来决定汇率，而是通过中央银行的正确判断力和相互帮助来寻找使每个国家保持恰当的贸易平衡的汇率模式。

如果货物和服务的进出口支付是唯一引起外汇需求和外汇供应的交易，那么一切就都会很好。但是，即使投机活动可以用某种方式抵消，长期资本流动仍然存在。最近一段时间内，由于资本外流超过了收入类账户的巨额盈余，美元一直疲软。在自由市场体制下，这种意在使盈余更大的做法将导致美元贬值。面对日益增长的贸易逆差的其他国家，将不得不依次实施贬值。唯一的结果将会是，大家争先恐后地想看看谁会跌到最低。如果没有适合每个国家的正确汇率模式，中央银行家们也无法找到答案。

国家利益与国际自由放任的冲突，产生了一种不能根据哲学原则来辩护的汇率制度。我们仍然只得忍受这一冲突。

四　就业与增长 45

无论不完全自由放任可能有什么难题和困惑，都要比完全自由放任更为可取。1918 年，我们以怀旧的心情回顾了战前繁荣进步的世界。1945 年，我们又回顾了持续性失业的恶心和痛苦。战争时期超级充分就业的经验告诉人们，这一体制在战前的崩溃并不是不可避免，凯恩斯也对这种情况何以发生做出了诊断。战后，解决失业问题成了对民主政府最迫切的要求，战后的历届政府也都很好地满足了这一要求。[21]

近似充分就业

我们不应该沾沾自喜。苏格兰失业率的持续上升和北爱尔兰更严重的失业率是一个严重的问题。[22] 为此有人试着提出培训工人掌握所需技能的计划，或是在公司削减劳动力时减轻冲击的计划，或是控制工业企业的区域发展，使之与住房供应相适应的计划；还有一些是帮助已婚妇女兼顾工作与家务的计划，然而，这都是一些初步计划。这里还有很多需要解决的细节问题。但总的来说，政府现在所承担的维持“高而稳定的就业水平”的责任，已经履行得相当不错了。

但未来一点儿也不安全。我们还没有看到资本主义世界的其他国家是否能够经受住美国的严重衰退；我们也无法预见一般的贸易国家以及具体到英国这个国家将如何摆脱它们已经深陷
46 其中的国际货币体系的束缚。但我们有充分的理由希望，不会发生像大萧条这样愚蠢的事情。

尽管物价上涨令人讨厌，但对劳动力的较大需求也有许多附带的好处，而且最主要的一点是——避免了浪费和痛苦。管理必须变得更为人性化，为了能够提供稳定的工作，政府要强制季节性贸易和临时性贸易进行自我调节。那些肮脏且不符合条件的工作被洗白，使之成为体面的工作。那些看到了市场盈利前景却无法获得劳动人手的企业有很强的动机使自己的生产机械化，机器会夺走人们饭碗这一工人们的传统恐惧，就算没有完全克服，也还是减轻了很多。

所有这一切对我们都很有好处。然而，追求充分就业本身，正是使英国经济陷入目前困境的原因。

功能财政

战后的正统经济学思想是基于凯恩斯《通论》的简化版本。在市场经济中，市场提供的就业数量取决于资金支出总额或者有效需求。需求是由消费支出、资本设备投资、建筑以及材料和商品的库存、政府支出加上出口产品的生产构成的。消费支出取决

于税后净收入；进口支出吸收了支出但没有产生国内需求。根据战后的正统观点，考虑到贸易收支中的盈余或赤字，以及追求利润的企业希望实施的投资额，政府应该通过预算来调节有效需求的总体水平。有效需求不足，会导致失业和生产能力利用不足，这种情况表明，需要增加政府支出，或减少税收以增加消费。作 47
为预算政策的补充，贸易收支可以采用商业政策施加影响，投资则可以采用信贷政策来影响。

与这种观点相悖的是认为，出口顺差、工业现代化投资、多用途政府支出和大众消费，都是所有国家资源的理想用途，对一国资源的所有可取的利用，或者，探究资源是如何在这些用途之间进行分配，等等。只有全球总量才被认为是正确的政策目标。[23]

自二战以来，就业政策的实施或多或少是遵循了这个思路，需求似乎在下降时就减少税收，信贷增长过快时就压缩信贷。政策的目的就是保持就业的总体水平，而不是关注就业的目的。

为什么工作？

一旦就业政策的理念为人们所接受，充分就业就不再是一个理性的目标。一个理性的政策应该要考虑经济资源的最佳用途，应该制订一个统一的计划，将经济资源纳入适当的渠道。这样做并不需要对劳动严格控制，即使是在战争时期，也很少对民用领域的劳动进行管制，对雇主可以提供的工作进行控制。

无计划地使用资源的近似充分就业制度是通过民主竞争的过程形成的。工党喋喋不休地指责保守党无力防止失业情况的发生。保守党喋喋不休地斥责工党一直致力于经济紧缩和严格控制。工党政府实施了大量的管控措施。保守党政府则把主张健全财政制度的人从他们的队伍中驱逐出去。选择什么样的就业应该由市场来决定（某些公共投资和社会服务的扩张除外），旧
48 式的自由放任学说，即最有利可图的就是最好的这一说法，再次证明了它的影响力。

我们有许多理由——比如道德的、美学的和政治的理由——反对这一制度。对这一制度，人们的意见可能会有所不同；但有一点人们却不可能意见不一。在轻松获取利润以及不断增长的消费的遮掩下，贸易收支问题渐行渐远，一直到所有人都清楚，必须采取某种措施来解决这一问题。

转向器缺陷

如果近似充分就业已经达成，仅仅依靠新正统学说所允许的政策工具根本无法轻易改变方向。

增加了投资，但没有减少消费，只会增加通货膨胀的压力。但是，如果为了增加投资而削减消费，那么盈利能力就会下降，投资动机也会受到损害。

为了立即增加出口，我们有必要将可以在国外销售的商品从国内市场转移出去，[24] 并使那些能够增加出口生产的企业更容易地获得劳动力。从长远来看，我们有必要在出口行业招聘技术工人以及技术人员，并将投资转入出口行业。资源也必须转出国内市场而转入出口市场。同样，如果减少进口，原本应该用于进口

的资金也会转移到国内市场。促进贸易平衡的措施必须要用减少国内支出的措施加以配合和支持。但任何综合措施，比如信贷紧缩、削减政府支出或严格预算，都不是处理问题的最佳手段。对解决主要问题没有什么贡献的许多重要活动，注定都会失败。总需求紧缩造成的浪费，不能只是用人们被排挤出一个工作岗位却又没有被吸收入另一个工作岗位的失业来度量。同时，工期较短和开工量不足的工作也使生产出现了很多无效的产出牺牲，最糟糕的是，对投资和创新的抑制，阻碍了长期改进的唯一希望。 49

重新配置

在制造业和服务业已经习惯于近似完全就业状态的时候，看似暂时的需求下降往往可以通过短期工作而不是解雇劳动力来满足。人们已经普遍倾向于越来越将劳动力视为职员那样的永久雇员。从长远观点看，建立更为文明的劳资关系非常可取。从短期观点看，储备劳动力是工人在不同职业之间流动、从而帮助经济活动变得更好的障碍。这就强化了这样一种观点，即总体上不加区分的通货紧缩不会根据形势需要重新配置劳动力。

选择性就业税这一新手段，旨在减少男性进入服务行业就业，从而使他们能够为工业提供服务的手段，是朝着歧视，而且是极端粗暴的歧视之方向迈出的一步。

一条出路

有一种进口我们可以在不增加国内市场通货膨胀压力的情

况下进行削减，那就是自大型妄想。削减海外军事承诺将直接缓解国际收支问题，与此同时，还能释放出人力资源和其他资源用于生产。

经济增长

一旦达成近似充分就业，增长就成为衡量经济成功的标准。增长是由以不变价格计算的国内生产总值的指数来衡量的。由
50 于国民收入在工作和财产之间的分配非常稳定，国民收入的高增长率也就意味着实际工资的高增长率。

自从第二次世界大战以来，资本主义国家普遍感觉到了来自社会主义阵营国家经济快速增长的挑战，现在只有日本才能与社会主义国家一竞高下。在资本主义国家中，美国和英国的表现又明显落后于西欧。美国生产力的绝对水平比其他资本主义国家高出了很多，因此他们不用担心（他们有其他很多事情需要担心），但英国政府却因为眼见法国和德国的实际工资统计指标超过了自己的指标而深感懊恼，同时，意大利的这一指标也在逐渐向德法靠拢。

生产力

市场经济中经济增长的主要引擎（考虑到现有劳动力）是将技术改进应用到生产中，技术改进则是在各个企业寻求有利可图的投资渠道的竞争性斗争中产生的。战后资本主义世界的经济

增长是一个非常引人注目的现象。即使是在英国，产业生产力的增长速度也比其处于经济霸主地位的伟大时代的增长速度快得多。[25] 资本主义制度似乎又开始了新的生命周期，并且自如地利用将科学技术应用于生产的不断发展的机遇，尽管资本主义制度还没有显示出在保证和平的条件下是否有能力这样做。

良性循环

在资本主义世界，经济相对较快的增长是一个巨大的优势。这就在不增加成本的前提下，为货币工资上涨留下了空间。经济的快速增长也使一国在国际贸易中具有竞争优势，因而可以在不担心引发金融危机的前提下，听任国内投资快速增长。投资促进了生产力的提高。生产力的提高又提升了一国的竞争地位，如此 51
这般，这与我们再清楚不过的经济缓慢增长以及国际收支逆差的恶性循环恰恰相反。

为何增长?

不过，除了国际收支平衡的要求之外，为增长而增长并不是一个理性的政策目标。消除贫困，清除工业革命令人憎恶的遗产，建立学校和医院，培训社会服务急需的人员，以及实现工业现代化，才是对不断增长的资源的合理利用。我们有必要进行技术的和社会的研究，看看到底需要做些什么。有利于社会之投资的回报率肯定会非常高，因此这种政策需要在未来很长一段时间内培育成长。经济增长应该是合理的经济政策的结果，而不是目标。

分配

把重点集中在作为成功标准的经济增长上，会分散人们对公共用途和私人用途之间的资源分配以及家庭之间的收入分配的注意力。[26] 如果经济增长足够快，而且所有的要素都按比例增长，社会服务将会增长，最低收入也将增长，因贫困而产生的恶习将被逐步消除，因此可以避开自由放任的哲学和制度所要求的变革。即使按照现代标准每年 2% 的低税率，国民收入也会在一代人的时间内翻一番。设计好的增长理念就是为了阻止我们问自己想用增长做什么。

英国计划

1965 年制定的所谓国家计划充分体现了增长本身就是其目
52 的的概念。这个计划的出台是基于这样一个想法：按照每年 3.2% 的速度增长是可行的。计划要求各行业具体说明，在一个按照 4% 的增长率增长的市场中（允许人口增长达到每年 0.8%），他们可以预期到的产出和需要的投入，然后将获得的预测结果整合成一致的方案。这些所谓的计划者们觉得，根本没有必要对如何实施这一预测提出建议，更不用说，如果预测真是这样的话，它是否会是一件好事。

人口

人口问题关系到人均国民收入的增长。人口增长会吸收投资，为不断增长的人口提供社会资本和工业资本，从而降低人均收入的增长率，更不用说由于人均使用空间的降低而导致的生活便利设施的减少。

外来务工人员的迁入同样降低了人均收入的增长，尤其是如果他们还带着自己的家眷的话，但这样一来又增加了利润的增长。只要保持有效需求，增加的工人就可以更加充分地利用现有的设备，还可以在不必寻求节省劳动力的方法的前提下，提供投资额外设备的机会，不过这可能需要增加每名受雇人员的投资，而且获取利润也更加困难。因此，本地工人反对外来务工人员的理由理所当然的是阶级利益，实际上这是一种令人不快的仇外心理和种族偏见。与此同时，根植于大男子主义和宗教的迷信观念，也反对在民间推广防止意外生育的诸种工具。

53 # 五　垄断与竞争

根据自由放任原则，生产者之间的竞争确保了社会经济资源的最佳利用，从而满足了社会的经济需求。从这个观点来看，只要竞争普遍存在，政府干预市场的自由竞争就不可能有什么好处，但政府应该阻止垄断造成的扭曲。

自由市场

市场是一个可以自由发挥的领域，人们在这里买卖动物、矿物和蔬菜等产品，这些产品为富裕的工业化国家提供了原材料和食品供应。对这些产品的需求随着贸易的一般状况以及偏好和技术的变化而变化。供给会随自然条件的变化而变化，比如干旱和瘟疫、生产区域的政治事件以及新的供给来源的发展。供给和需求的变化莫测导致了价格的剧烈波动。如果这些商品的交易者能够预见下一步会发生什么，他们会在价格异常低时买进商品并守住库存存货，在价格上涨时抛售商品，从而使需求对供给做出反应，供给又对需求做出反应。然而，在市场动荡不安的情况下，预测不一定正确。商品交易者通常会在上涨的市场上买进，在下跌的市场上卖出，从而放大了市场波动而不是平息了波动。

因为，从事情的本质而言，这种类型的生产一般都集中在某些特定地区，这些地区的整个社区要么需要依赖于这种商品，要么就需要依赖于另一种商品；因此，自由竞争导致了这些地区的人们的收入大幅波动。正因如此，发达工业国家的初级产品生产 54
商受到各种管制方案的保护，因而不受竞争的影响；市场体系的全部压力，都是由所谓的发展中国家来承担的，这些发展中国家的出口收入取决于其殖民地时期作为供给来源培育的一种商品（或者，如果他们幸运的话，有两三种这样的商品）。贸易的危害性把这些国家的发展规划沦为了一场赌博，并让他们通过在买方市场的竞争销售来相互残杀。平衡的力量是进口这些材料的制造商，因为，如果供给过剩，他们就可以享受较低的价格；如果市场价格上涨，他们可以采用在销售价格中增加额外成本的做法，再从国内公众那里收回这笔资金；如果一种材料的供应不足，通常而言他们可以转而使用替代品，一旦他们适应了这些替代品，有时候甚至认为这些替代品更为可取。正因如此，他们对各种意在限制他们自由地利用市场竞争的方式来管理贸易的方案，都进行了强有力的抵制。但对整个工业国家来说，这一制度有着严重的缺陷；原材料供应商是制造商（包括开发所需的投资产品）的买家；客户收入的剧烈波动导致了原材料供应商的出口需求波动，因而造成了一个相当令人讨厌的问题，同时也引发了人们对他们的指责，认为他们关于帮助发展的所有甜言蜜语都是虚假说法。

自由竞争在其中运行的这种情况，并不是其所谓行善的好例子。

区域繁荣

如果某一特定行业，比如集中于某一特定区域的造船业，受
到外国竞争的影响，则情况与初级产品生产国的情况有些相似。
55 这一地区的收入会随特定产出需求状况的波动而波动。由于这
个原因，要达成近似充分就业，先决条件就是要有一个旨在能使
各个地区的产业发展各有千秋的地理发展政策，并借此推动新兴
产业与衰退产业肩并肩共同发展，比如兰开夏郡就是用新兴的工
程制造业来弥补衰退的棉纺织业。当然，这一政策并未完全获得
成功。与其他所有发达国家一样，英国也有落后地区。人口和财
富向东南部的转移是很难控制的。但总的来说，在全国范围内，
同类工作职位的工资水平还是比较统一，相同类型业务的资本利
润水平也相当一致。这就是说，(与初级产品生产不同)一个行
业的收入不取决于这个行业的产品销售价格。价格由成本决定，
而不是收入受价格支配。

不完全竞争

制造业产品的销售方式与初级产品的销售方式并不相同。生产商是按照他所选择的价格，尽可能多地在市场上销售自己的产品，而不是将已经生产出来的产品投放市场，然后按市场价格出售。

经济学家们对价格理论小题大做，但对于一个商人来说，价格似乎能很好地自行确定；他自己只是专注于销售。他会说，“价格当然必须是正确的”。也就是说，他不希望通过设定一个会给竞争对手创造优势的利润率来损失自己的销售额；同时，他也不希望通过索要比他预期能够销售合理水平的产品的更低的价格而失去潜在利润。因此，每个索要的价格在很大程度上取决于其他人在做什么。

撇油价格 56

新商品是按其替代品的价格所决定的价格投入市场。如果成本大幅下降，就有可能在一段时间内导致巨额利润（Himalayan profits）的出现，比如第一支圆珠笔就是以高档钢笔的价格售出的。

价格领导

对于已经建立的生产线而言，一个生产商将会选择的利润率是由其他厂商对类似商品索要的价格决定的。

这就自然形成了一种削弱竞争优势的趋势。最为温和的一种共谋行为就是价格领导制度。一家公司被其他公司默认为领头羊公司。如果这家公司的价格上涨，其他公司的价格都会跟随上涨。没有任何公司会在这家公司降价之前降价。这些公司通过各种各样的销售技巧和产品的设计以及包装进行竞争，但避免在价格上进行竞争。

限制性做法

为了利用人们对某些新产品的强劲需求，有时会达成一些正式的协议。协议中的利润率设得很高，市场则按照协议来瓜分。价格则按成本最高的生产商的成本水平来设定；成本较低的生产商则需要限制产量并享有较高的利润。

更常见的价格控制集团则形成了对企业在买方市场降价销售的防御。如果需求下降到无法以现有价格出售正常产出产量的时候，企业最好维持现有价格并允许产量下降，原因在于，如果一家企业意图为获得更大的市场份额而开始降低价格，其余所有企业将不得不跟进，最终，所有的企业都不会生产更多的产出，获得的利润也只会低得多。

在大萧条时期，只是同行之间同病相怜的感觉并不足以阻止
57 削减价格，价格控制集团的形成是为了共享有限的市场，以便让所有企业都能生存下来。

需求复苏以后，已经形成了防御性的价格控制集团还会持续存在，并用于提高其盈利能力。集团成员通常会使用各种各样的手段来阻止非成员的活动，例如让零售商觉得拒绝经营非成员的商品是值得的。他们还通过抵制创新、给价格控制集团内效率更高的生产商的增长设置阻力以及扼杀价格控制集团外的潜在竞争对手来阻碍技术进步。

在经济衰退期间，公众舆论和法律决定更倾向于达成的协议主要是用于防御你死我活的激烈竞争。在战后的卖方市场时代，他们被视为是为自己攫取了不正当的利润份额并阻碍了增长和进步的一群人。

针对**限制性做法**的立法取得了一些成功。如果企业不想竞争，要让它们竞争就不太容易，但却有可能为那些想要竞争的企业消除了障碍。[27]

一个值得注意的例子是禁止低价转售商品（*resale price maintenance*），根据这一规定，所有零售商都有义务保持能让老式商店满意的各种货物的利润水平。这一制度阻碍了正如火如荼的自助服务商店的发展。

完全垄断

反对价格控制集团和限制性做法协议的主要理由是，这两者阻止了效率更高的企业尽可能快地淘汰效率更低的企业。如果竞争不受约束且生龙活虎地进行，随着企业规模的不断扩大，任何行业的企业数量都会减少。竞争的逻辑终点就是垄断。

一家具有规模经济的大而强的企业能够负担起研究工作。它可能会冒险开拓新的生产方法和新的商品。大企业可以提供 58
良好的工作条件，也不反对支付会使较为弱势的竞争对手感到难堪的高工资。

另一方面，由于产能过剩会造成企业利润的骤降，垄断企业更愿意让自己的投资活动落后于需求，从而在一定程度上保证垄断企业产品的稀缺性。垄断企业的成长或许也会十分缓慢，并会因为僵化的官僚主义机构而受到损害。以高效率赢得的市场主导地位可能要采用卑鄙的伎俩才能得以捍卫。垄断企业的研究工作或许要从进行自己企业的研发转向挫败其他企业的研发。

强大的垄断企业的存在对经济的利与弊都来自同一个源头。法律法规做不到保护这一个而不保护另一个。

在战后的繁荣条件下，有利于竞争的部分变化是设立了垄断委员会这样一个机构。垄断委员会的任务是审查涉嫌严重滥用垄断权力的案件。毫无疑问，垄断委员会在制定正确行为准则方面做了一些有益的工作。

反垄断的努力在一定程度上被视为对工资限制的交换条件。这无疑也是近年来利润率全面下降的原因之一。

寡头垄断

现代工业的典型形式既不是竞争，也不是垄断，而是寡头垄断——每个市场都由几家大企业主导，大企业周围则围绕着许多小企业，这些小企业在专业化生产、定制业务以及分销等领域填补了各种利润丰厚的市场空缺。

在大鱼吃小鱼的竞争斗争过程中，往往会在垄断企业最终出
现之前有一个竞争休止期。因为，最后剩下的两三家公司，哪一
家都不敢为了进入最后一轮竞争而挑战其余的公司。所以，这两
59 三家企业会一直存在下去，而且，在很大程度上由于各种销售压
力，[28] 每一家企业都在其服务的主要市场中努力保持自己的市场
份额，但它们也在不断蚕食市场侧翼，向仍然被弱势竞争对手占
领的其他市场扩张。[n]

寡头垄断竞争有时会在某些特定产品范围内以价格战的形式出现，但大部分时间则集中在新出现的商品品种和生产方法上。只要寡头垄断者们在任何情况下都相互保持警觉并做好准备，这就是所有行业中最进步的一种形式（尽管非价格竞争也很浪费资源），但如果他们相互容忍且各保平安，他们就可能变得和完全垄断者一样，行动迟缓。

机器人

工业机械化在于不断提高每人每小时的工作产量，也就是说，工业机械化意在减少生产单位产出所需的工作量。随着工业自动化的发展，这一过程已经有了巨大的飞跃，现在，自动化也正以极快的速度侵入办公室的行政工作。这一过程可能会在工业收益中降低工资份额，增加利润的份额。截至目前，工业自动化的影响还不是特别明显，但很可能正在悄悄地缓慢发展，只不过受到当前劳动力短期短缺的遮掩。

如果产出的增长速度不够快，无法为投资提供一个出口，以便将利润吸收为储蓄，利润份额的上升趋势就会拖累有效需求的增长，从而导致技术性失业的出现。在这种情况下，刺激食利者阶层的消费将有助于维持有效需求，但这种解决失业问题的良方，其合理性几乎不亚于另一种著名的权宜之计——即花钱雇人挖洞，再花钱雇人将这些洞填满。

一项更可接受的政策是，需要提供丰厚的遣散费，并提供适当的再培训计划，以便在不造成过度艰难的情况下增加劳动力的

流动性；提高小时工资并缩短每周额定工时，或增加带薪假期，
60 缩短标准年（standard year），让全体劳动者用休闲的形式在国民
收入的潜在增长中占有一定的份额；并通过征税的方式，将利润
的结余用于社会服务。不断增长的生产力并非必然会成为痛苦
的起因。[29]

国有企业

有些特定行业，比如铁路、电力和天然气，因为必须要有一个供应网络，所以为了提高运营效率，不得不在每个地区都实施垄断。因此，除了最狂热的自由放任主义的支持者以外，人们一直都认为，为了公众利益，这些特定行业必须受到管制。此外，由于全国统一的网络具有技术优势，人们普遍认为这些服务行业应该国有化。

煤炭行业之所以应该国有化，是因为煤炭行业在私营企业的经营管理之下已经陷入了混乱状态。提出钢铁行业国有化是基于基础投资行业应当以公共利益为导向而加以管制。

政府提供的服务最重要的是要让人感到舒适——将使用电灯而不是使用油灯的好处与家庭账单中除生活必需品以外的其他任何东西的好处进行比较——它们是最基本的生产性服务。

按照规矩，国有化行业要遵循涵盖成本的价格政策，因此，国有化行业必须通过政府借贷才能进行生产扩张。私营企业用于投资的资金绝大部分来自于利润。（当你购买一包商品，除了支付生产、广告和销售这些成本之外，你通常还要支付一笔有关

企业生产扩张的费用。）

公营企业的设立部分是为了保护消费者免受商业主义的不 61
良影响——比如由于追求利润而鼓吹防止偏好的削弱以及航线安全性的降低等。

医疗和教育服务在为个人福祉以及为工业提供足够的劳动力方面都做出了最大的贡献。为了纠正收入不平等的最糟糕影响，必须通过征税来提供这些服务。

我们也有可能以同样的方式提供一些其他服务，而且，政府也一直在向我们承诺，要在私营企业忽略了开发新技术机会的行业，或者一个僵化的老牌企业行业，采取积极行动来建立公营企业；[o] 人们仍然经常听到的自由放任的老话是，政府的开支比私人的开支更具有通货膨胀性质，而政府提供的服务对国家的价值比那些旨在赚取利润的企业要少，但当人们对英国私营工业行业的生产率增长缓慢以及未能跟上其欧洲竞争对手的步伐感到不满时，这些老话的分量就更低了。

消费者权益

私营企业在竞相谋取利润的过程中，给消费者带来了巨大的利益损失。我们从对新市场的探索中获益，这里仅举两个例子，其一是时尚成衣，通过打破了阶级差异而促进了民主，其二是家用小电器的发展，填补了中产阶级家庭由于家政服务的缺失而出现的真空，家用小电器现在已经开始减轻工人阶级家庭主妇们的负担。

不管怎样，主张私营企业制度是为了满足消费者的需求，是一种荒谬的说法。相反，消费者才是企业赖以生存的最好依靠。我们已经习惯了一个为生产商的利益而运行的制度，在这个制度
62 中，消费者只能在偶然的情况下才会沾到一点好处，而且，因为我们每一个人都对挣钱的人具有强烈且浓厚的兴趣，对消费的人只具有微弱且模糊的兴趣，因此人们发现，一般而言，这个制度还是可以接受的。这种容忍度可以通过这一制度的某些特征来得到说明，这些特征我们非常熟悉，但是很少引发人们的抗议。

以商品的耐久性问题为例。有很多不受时尚影响的日常用品，其耐磨损性对买方而言是一个莫大的有利之处。当然，生产商更喜欢经常更换产品。而且，生产商也控制着产品设计和产品质量。此外，为了迎合消费者向左邻右舍炫耀的欲望，生产商非常有兴趣加快时尚的发展，并将自己的影响传播到更广阔的领域，他们只需在新车型上做一些小小的改进，或者仅仅是改变一下外观，就可以让消费者心理上觉得自己购买的车型已经过时了。

第二个例子是商品的销售方式。产品制造商通常会在向零售商提供的条款上相互竞争。然后，店家就不再与客户以朋友相称了，也不再尽自己的可能向客户提供最佳商品选择和最好的建议了。店家会因为某种诱导而推出某些产品，也会因为诱导而拒绝提供其他（可能更适合消费者）产品，原因是，对店家而言，这些适合消费者的产品并没有为他带来丰厚的利润。

当然，这一现象最重要的例子就是广告。以竞争的神圣之

名，我们不得不允许广告商用势利的态度和庸俗的性来败坏大众的品味。在他们试图使用早期绘画大师的复制品和莎士比亚的引语来提高自己的格调时，他们的所作所为更让人恶心。

说到广告，有时候，广告的理由是广告可以提供市场上相关商品的信息。即使广告真的可以做到这一点，它所传达的信息往往是不正确的——比如说，福特的老虎系列是最易驾驶的跑车，或者说，喝烈性黑啤酒可以促进肌肉发达，等等。

专业机构也在进行细致的研究，但专业机构的研究不是为了 63
找出家庭主妇需要什么，而是为了了解主妇们对各种销售技巧的反应。大部分的广告都在致力于为无用或者有害的商品创造需求，以便厂商可以供应这种商品。如果没有需求也没有供给，消费者显然会有更好的生活。在某种程度上，专业期刊提供了特定领域的真实信息和对设计的批评；专业期刊现在正勇敢地尝试为一般市场提供同样的服务；然而，大众消费者都太愚笨，根本就没有引起注意。

毫无疑问，产品推销的竞争体系是我们现在拥有的最好体系，但是，假装这种竞争体系是按照教科书所宣称的那样运作，以便在给定的经济资源下产生最大可能的满足感，应该毫无意义。

六　工作与财产

凯恩斯这样描述资本家："可以将蛋糕中最好的部分据为己有……但在事实上，他们私下里只消费了蛋糕的很小一个部分"。凯恩斯的这一说法适用于管理一家靠自己的资源建立起企业的老式企业家。有时候，也会有个别企业大亨仍旧会获得巨大的财富，也会存在几家尚未成为上市公司的家族企业，或者，也还存在尚未被卷进合并大潮的企业。大体上，工业和贸易现在是由管理型资本主义（*managerial capitalism*）主导，也就是说，工商企业名义上是由不断变化的股东群体所拥有，实质上则是由拿薪金的职员在管理。

食利者收入

有限责任原则使管理型资本主义在过去的一百年中得以发展壮大。财富拥有者可以通过持有许多公司的股份来分散风险，但他除了知道那些可能会影响公司在证券交易所之价值的业务，他对公司的其他业务一无所知。他作为公司所有者所拥有的权利，也只是在紧急情况下与他有关。按照他的看法，股票回报率只不过是贷款利息的替代品，而他在企业经营中扮演的角色就是食利者而已，就像他的财富被投入到金边政府债券上或从土地中获取租金一样。

非工薪收入

作为一种社会制度中的食利者财产，为我们提供了许多便利条件。这一制度提供了一笔储蓄溢价，旨在将家庭购买力延续到家庭需求增大的时候。这一社会制度也为中产阶级的寡妇和孤 65
儿们提供了福利，为许多出色的机构提供了捐款。保险公司和养老金计划从它们的基金中获得的回报，改善了它们能够提供的条件。然而在大多数情况下，它的作用只是向企业家的继承人提供了英国国内税务局（Inland Revenue）正确地描述为非工薪收入的东西，并向国库缴纳税款，就像地租是为封建主义继承人提供的非劳动收入一样。

证券交易所

在所有可能产生食利者收入的资产配置中，有限责任公司发行的股票尤其具有吸引力，特别是在长期通货膨胀时期。但是，股票是公司财富的一部分。在激烈的竞争中，我们根本无法预知个人的财富。此外，税收以一种复杂的方式扭曲了相对收益率，随着利率水平的变化（如我们所见，利率水平与国际金融形势具有相关性），整个市场随着情绪的波动和利率对政治事件的解释都有可能出现上下波动。股票交易也绝不是一件简单的事情。

为了帮助食利者阶层配置自己的财产，一个由证券交易商、经纪人、理财顾问和金融家组成的庞大组织已经建立起来了。接下来，发现赢家的博弈作为一种副产品发展起来了，并吞噬了该机构创建之初的目的。这个博弈并不容易，但是可能非常赚钱。因此，它从更具建设性的活动中吸引了很多的高级人才。

裁减冗员

提供资金融通的资本市场为工业所作的贡献，相对于维持整个工业行业所需资源而言，是非常小的。资本市场的存在有助于公司通过新股发行来筹集资金，但这只是工业行业吸收的一小部
66 分资金，因为绝大部分资金来自于留存利润。[30]

对公司经理阶层的人而言，一家公司就像一个学院或者军团一样，有它自己的生活，这些经理人对公司的忠诚是对公司本身的忠诚，而不是对股东的忠诚。从他们的观点来看，股息分配是一种必要之恶；利润的合理利用就是投资以扩大公司的经营。

我们用这种方式不知不觉地进入了一个非常特殊的经济体制，一家公司的净收益属于公司的股东。股东要么以股息的形式获取这笔净收益，要么以对应于使用留存利润进行额外投资的盈利能力的股票升值的形式，而获取这笔净收益。股东可以自由地将这些资本收益用于消费。打个比方说，如果他们不消费这笔收益，这个体制就认为储蓄是他们的。技术进步、资本积累以及良好的工商头脑所产生的财富，在食利者闲坐家中或忙于其他工作时，落到了他们的裤兜里。

一个富裕阶层存在的古老借口——他们提供了社会必需的储蓄——早都已经用烂了。相反，他们的消费恰是对一国资源的消耗。

证券交易所为盈利能力提供了一个很好的指南，因此可以将资金输送到最适合资金使用的地方，然而这一理由从来就没有说服力。凯恩斯对市场参与者的行为方式的描述，就像对那些参加报纸选美竞赛挑选最美电影明星的人那样，他们只是通过“预期平常意见所预期的平常取向为何”来获取收益。[p]

所有权和控制权

在某种程度上，所有权和控制权的分离缓和了自由放任资本主义的严格性。经理人必须为公司追求利润，才能使公司得以生存和发展，但良好的声誉以及富有人情味的劳资关系可能也是他们追求的目标。这样他们才可能生活轻松悠闲，享受愉快的周末假期。

然而，经理人的自由受到股东拥有公司的法律拟制（legal fiction）的约束。在任何特定的时刻，持有该公司股份的食利者群体只是将公司的股份视为占其私人财富之一部分的适当配置。他们不反对向任何提供合宜价格的人出售他们持有的股份。因此，当一家公司的股票交易价值无论出于何种原因低于其实际资产的潜在盈利能力时，这家公司就有被另一家公司或者某位有能力暗中收购企业的个体大亨收购的危险，收购方会将董事会成员赶下台并精简管理层，将公司经营转向比以前更为有利可图的方向，虽然不一定是更值得赞赏的方向。

市场（尤其是英国的市场）对股票的估值更多是通过股息而不是通过收益。因此，为了保持自己公司的估值比率（*valuation ratio*，基于预期盈利能力的股票交换价值与盈利资产价值之比）来减少收购的诱惑，管理层必须支付比他们想支付的更多的股息。[9]

食利者国家

尽管有缺陷，经理人通常还是非常重视这个特殊体制赋予他们的自由。在大多数情况下，他们不喜欢国有化这个想法，甚至不喜欢由有权监督他们的公共机构给予他们资金资助。类似保险公司这样实际上拥有大量产业的大型金融机构，都必须靠后站而不能插手干预公司事务。原则上，由私营企业来管理被认为更为可取，在此情况下，没有理由让国家在没有控制权的情况下也不享有所有权。收入类账户的线上（*above the line*）预算盈余，[31]
68 可用来购买工业股票，而不是用来遏制国债的增长。

在通过提高生产力来实现实际经济持续增长（并抵消货币贬值）的时期，当土地、劳动和资本各自在国民净收入中获得了相当稳定的份额时，私人财产的总量正在增长，但任何一家公司价值的长期增长前景都具有高度投机性，因此公司的现值大打折扣。如果为了说清道理，我们假设接手了大批物品，这批物品都可以按照市场价格购买，而且这批物品的价值肯定会上升，会给国家带来合理利润（且不必提及由于通货膨胀带来的不合理利润）。食利者的消费到了某一程度（*pro tanto*）会趋于稳定，先前的增长可以通过预算盈余或者减少所得税而对公共支出以及公共储蓄做出贡献。这与其说是一个计划方案，不如说是对食利者财富之本质的说明。

人们经常主张采取相应的措施来接管土地所有权。推迟的时间越长，私人财富的不劳而获之利就越大。

继承的财富

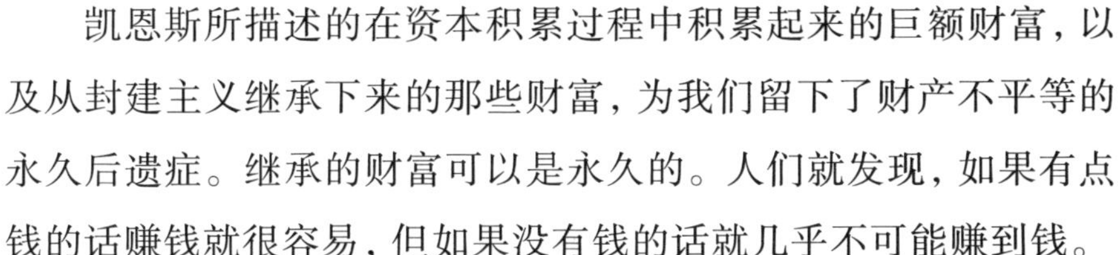

凯恩斯所描述的在资本积累过程中积累起来的巨额财富，以及从封建主义继承下来的那些财富，为我们留下了财产不平等的永久后遗症。继承的财富可以是永久的。人们就发现，如果有点钱的话赚钱就很容易，但如果没有钱的话就几乎不可能赚到钱。

累进税

不平等不为民主意识所接受，不平等问题必须通过税收来解决。征税制度非常昂贵；无论设计什么样的衡量纳税能力的标准，都必然会存在某种程度的武断，并在不同类型的财产价值上产生毫无意义的偏差；在合法避税方面（且不提其他方面），大批 69
专家耗费大量人力致力于为食利者和商界人士提供建议；国家的立法机构、行政部门和执法机关肩负着税制公平或者在平等收入之间显得公平的重任，而以税收为目的的收入定义已经形成了一个精致的神学体系，这是一个不断引发争议的源头。简而言之，整件事真是令人生厌。

尽管如此，不平等仍然存在。累进税对不平等的不利影响几乎微乎其微。[32]

生活水平

税后收入和资本收益的不平等导致了消费的不平等，消费的不平等使得工会很难相信收入政策是公平的。

我们不能阻止高收入家庭把自己的钱花在他们最需要的东西上，因此，医疗和教育服务的两级体系得以延续，并有助于使不平等持续下去。

一剂猛药

食利者国家的概念指出了摆脱这种状况的方法。集中的私人财产或许会在一代人的时间内被没收性遗产税（confiscatory death duties）弄得一干二净（留给孤儿寡妇的一笔合理的终身财产权益，也课以同样沉重的赠与税）。财产所有权可以以其现在存在的形式移交出去，也可以像其他信托基金一样持有在手，持有的收益还可以用于公共目的。就像补贴国有化所做的那样，这种做法不仅会抑制食利者收入的增长，而且会使食利者的收入大幅度下降。[33] 尤其是，收费需求的减少将使医疗卫生和教育服务的统一和改善成为可能。

薪水 70

不平等的另一个根源也与利润在行业收益中所占的份额相关联，即企业高管的高薪和特权。企业高管的薪水甚至高于熟练工人的薪水，在企业之间争夺最优秀人才的竞争中，他们的工资也会出现变动。他们的薪水也受到教育、研究和学识渊博的职业人才流失的影响，而这个问题必须通过建立可比较的工资标准来解决——这也使得文学界感染上了商业主义道德败坏的习气。

这一点可以由国内税务局予以验证，由于征税成本的原因，国内税务局不允许出现高于平均工资一定倍数的工资。因此当然会对一些刺激措施提出强烈抗议，但激励措施都是相对的。“一旦玩家习惯了，赌注下得较低游戏也可以进行。”

为什么不呢？

实施这些方案的障碍既不是技术上的问题也不是法律上的问题。政治上的反对派可能会在国内团结起来反对实施这些方案，也可能出现资本外逃以及资本家转而寻求更为合意的地区的威胁。（在欧洲共同体市场，在整个基督教民主被转变为这种观念之前，他们不可能做出这种尝试。）

尽管如此，消除无功能财富（functionless wealth）的主要障碍是缺乏想象力，是在提出与一个已经渡过了重重难关的经济相适应的理念和制度的过程中缺乏想象力，当前，这个经济已经渡过了重重难关，因此，需要找到一个合理的受益方式。

结　论

我们在前面的分析中，借鉴英国的经验阐明了不完全自由放任带来的问题。毫无疑问，读者们会急于想知道：我们应该怎么做呢？关于这一点，我只能针对值得一谈的事务发表自己的意见。

在我看来，这个国家的人民无意进行剧烈的变革。他们更喜欢一种灵活而松散的经济体系，不喜欢那种高效而快速的经济体系。为了保持我们政治制度的连续性，他们愿意接受许多不合理和不公正的东西，以及教会和国家的浮夸虚荣。

然而，至少新生的这一代人讨厌特权，憎恨势利，他们要求享有实实在在的机会平等，让每个人都能发挥自己的才能。他们已经完全做好了摆脱帝国那一堆破烂的准备，着手将自己的国家建成一个中立与和平的小国。

这种大政方针的转向不可能一蹴而就，但如果目标明确，出路总是能够找到。毕竟，我们知道如何建立战争所需的经济动员机制。牢牢抓住这一机制用来解决我们当前面临的不幸，应该并不困难。

有人不赞成将战争看成是你死我活的问题。爱国主义与“正

确理解的利益”[*]相结合，使和平时期永远不会弃之不用的特殊权
利暂时停止发挥作用。但是，自由放任和近似充分就业的显而易
见的失败再一次激发了人们的自利心，让他们接受了使这一制度
发挥作用所必需的一切。此外，这场论战两败俱伤。人们响应了
为救亡图存和战胜法西斯而提出的奉献热血、汗水和眼泪[**]的号
召。他们并没有准备做出牺牲以支持一种摇摆不定、假装维护国 72
家之伟大的矛盾政策，且这种政策正在破坏这个国家经济和道德
的基础。

在利用积压在军费开支中的大量资源的同时，也有可能必须在一段时间内限制消费总量的增长，并通过偿还使英镑陷入困境的短期债务，恢复国际贸易平衡，使英镑脱离国际货币体系。与此同时，我们可以克服这种最为糟糕的境地，而且，只要我们拐过了这一尴尬之角，就可以着手建设一个人人都可以舒适、快乐和自由地追随他们的梦想的国家。

这是一个自私的理想。民主国家都是自私的国家。它们想到的只是自己的国家，而不是这个世界。当今世界面临着两大威胁：一是人口的增长超过了经济的发展，人口的增长使南半球各洲弥漫着让人绝望的痛苦；二是美国对共产主义的讨伐，这种讨伐已经预示着比现在已经实施的讨伐更可怕的恐怖，同时，也阻止了为了利用另一经济体制的资源来满足自己的迫切需求，经济

* 此语出自托克维尔，参见托克维尔《论美国的民主》下卷，第二部分第八章。——译者

** 此语化用丘吉尔的演讲“热血、辛劳、眼泪和汗水”。——译者

体制与经济体制之间出现的和平共处。与所有这些事情相比，我们的问题微不足道，但是在我们解决了这些小问题之前，我们根本无力利用任何影响力来为大问题的解决添砖加瓦。

注　　释

前　　言

a 《和约的经济后果》，第16—17页。

1　我是使用广义的自由放任概念来表示凯恩斯所描述的伴随着“卓越的体制”成长起来的一套思想和政策。其中的原则和要旨是，一国政府在经济事务中的唯一职责是保证财政预算的平衡，并保持货币与黄金的可兑换性，从而保持货币内外价值的稳定。

这种说法已经日渐被大众所接受，所以后面的部分没有使用斜体。

一　收入与价格

2　按1958年的价格计算，1950年和1964年的消费总支出（包括租金）分别为131.06亿英镑和189.43亿英镑，增长约45%。在这一时期，常住人口增长约8%，包括儿童在内的男性和女性的人均消费量平均增长了约34%。

（见《1965 年国民收入和支出》，以及 1965 年《统计摘要》）

b　这种价格决定论的观点，基于米恰尔·卡列茨基（Michal Kalecki）1939 年在《经济波动理论文集》一书中首次提出的理论。罗伯特·尼尔德（R.R.Neild）1963 年在《贸易周期中的工资和就业》中的统计观察数据也支持了这一观点。

c　见下文，第 53 页（英文版页码）。

3　1965 年，制造业价格的涨幅似乎低于工资的涨幅，而原材料的价格基本保持不变，如下所示：

	1958 = 100	
	1964	1965
人均收入	137.5	146.1
制造业价格	111.5	116.7

（见国家经济和社会研究所，《经济评论》，1966 年 5 月）

另一方面，价格并不总是因成本下降而下降。

1959 年，科恩委员会（Cohen Council）（见下文注 5）报告了自二战结束以来第一次经济衰退的后果，这场衰退使失业率上升到 2.5% 以上。工资在上一年几乎没有上涨，原材料价格却在下跌。科恩委员会由此推断，许多行业的成本肯定已经下降，因此强烈要求降低商品价格。但工业企业的发言人认为这是一个奇怪的说法。

> “科恩委员会关于工业企业应该削减价格的建议模棱两可、含混不清。降低价格从而扩大需求和产出是一回事；将价格控制在市场水平以下以控制利润或股息是另一回事。”

（英国工业联合会的声明，据1959年8月7日《泰晤士报》的报道）

可能从那一天开始，企业家们就变得更加成熟了。

4 1943年1月23日的《泰晤士报》刊登了如下文章：“私营企业经济中的失业不仅具有行业自律的功能，还间接具有货币保值的功能。如果在充分就业的条件下继续进行我们迄今所知的工资的自由协商，货币工资将面临持续上涨的压力……在和平时期，工资和物价水平的恶性循环可能会长期存在。”

（琼·罗宾逊，《经济学论文集》，第一卷，第85页）

5 1944年《就业政策白皮书》（律令书6527）标志着官方已经接受了这样一种观点，即政府有可能也有必要采取行动，保持“稳定的高就业水平”。一直到了1957年，由于对正统价格观产生了怀疑，导致政府任命了物价、生产力和收入委员会（Council on Prices, Productivity and Incomes）（即科恩委员会）。但科恩委员会的前两份报告支持的却是正统理论。1959年，菲尔普斯·布朗教授接替丹尼斯·罗伯逊爵士成为委员会的经济学家，当时给出的第三份报告试图从成本和利润率的角度分析价格的决定。

同年，拉德克利夫委员会（the Radcliffe Committee）的《货币体系运行情况报告》显示出，当局对货币体系的控制有多无力，货币政策在经济中的作用有多不确定，因此报告削弱了人们对正统观念的信仰。1961年，英国成立了国家经济发展委员会和国民收入委员会（Neddy and Nicky）。这是英国首次设立新的经济规划机构的初步尝试。这些机构的设立标志着官方认为自由放任的终结。

Neddy（国家经济发展委员会）现在仍然存在，但却因为经济事务部而黯然失色。Nicky（国民收入委员会）于 1964 年被工党政府解散，取而代之的是物价和收入委员会。

d　见 J.C.R. 道（J.C.R. Dow），《1945—1960 年英国经济的管理》，第 403 页。

e　见《1964 年联合国世界经济概览》，第二部分，第 42 页。《概览》的这一节描述了工业国家对收入政策问题的一般看法。

f　参见芭芭拉·伍顿（Barbara Wootton）的《工资政策的社会基础》（*Social Foundations of Wage Policy*），尤其参见第二章，"英国工资结构中的某些经济奇异现象"（Some Economic Curiosities of the British Wage Structure）。

二　贸易收支

g　帕尼克（M.Panic）和西沃德（T.Seward）对阻碍英国产品出口的各种因素进行了总结和分析。见《英国出口问题》，牛津
76 大学经济学和统计学研究所专刊，第 28 卷，第 1 期，1966 年。奥斯汀·罗宾逊（Austin Robinson）在《重新思考外贸政策》一文中描述了进口行为，并指出了进口储蓄投资的必要性。见《三家银行评论》（*Three Bank Review*），1963 年 12 月。

6　1964 年的军备开支为 20 亿英镑，约占国民生产总值的

7%。同年，在工厂、机械和车辆方面的私人投资总额为 18 亿英镑。固定资本投资总额（包括地基购买价格）为 58 亿英镑。

公共医疗服务支出为 11 亿英镑，教育支出为 14 亿英镑。

（《国民收入和支出》，1965 年）

7　收入类账户和长期资本账户以及平衡货币流动账户的类别并不明确；每个类别都在交叉领域相互影响。不同的国家是以不同的形式公布自己的账目。比如，美国商务部的货币流动账户中就包括有在英国账户中显示为资本的某些项目。美国的资本外流部分包括了海外应计利润就地再投资的处理，但英国的账户没有这个部分。

但就本书的讨论而言，我们只需要考虑大类账户。收入类账户由进出口（有形贸易）收支、运输和保险等服务费用，以及境外资产利息和利润收支（无形项目）组成。

在国际收支账户中，政府的海外军费开支显示为一笔无形的进口。在这里列出的账户和在下面注释 11 列出的账户中，这是一个单独列出的项目。

长期资本账户包括购买外国证券、私人和政府贷款以及对海外企业的直接投资。

英国 1964 年的国际收支状况如下：

单位：百万英镑 77

收入类账户逆差	−138
海外军费开支	−274
资本净流出	−344

误差与遗漏	+35
货币往来差额	721

（误差与遗漏是调节收入类账户与货币变动的平衡项目。）

（《国民收入和支出》，1965 年）

如果不能减少资本流出，实现平衡所需的出口增长将略低于国民生产总值（GNP）的 3%。还需要更多的资金才能偿还已经在连续几次的危机中用完的贷款资金。

8　见菲利斯·迪恩（Phyllis Deane）和 W.A. 科尔（W. A. Cole），《1688—1959 年英国经济增长》，第 33—38 页，对国际收支历史的概述。该书表明，在 1914 年之前的 10 年中，收入类账户顺差达到了顶峰。一战以后顺差逐渐减少，20 世纪 30 年代以后转为负数。

h　经济学家神话（economists' myth）的经典之作是 1918 年的坎利夫报告（Cunliffe Report）。见《银行利率札记》，载琼·罗宾逊《经济学论文集》，第二卷。

9　关税及贸易总协定对旨在建立关税同盟或自由贸易区的优惠安排作了例外规定。

10　1931 年使英镑贬值的特殊情况，无疑有利于英国经济。直到 1933 年美元贬值，1936 年法郎贬值，我们主要竞争对手的货币仍然与黄金挂钩，所以我们在出口方面有优势，而我们的主要原材料供应商也一直与我们的货币价值保持一致（这就是“英镑区”的最初含义），所以我们没有受到房价上涨的影响。所有行

业都存在失业和产能不足，因此出口可以应对需求的增长。让国际收支摆脱压力，才能使利率大幅下降并放松信贷，这有助于鼓 78
励房地产的繁荣。1932 年，全球经济进一步陷入衰退，失业率继续增长，但此后开始的缓慢复苏与金本位国家集团的持续痛苦形成了鲜明的对比，清楚地证明了放弃工党政府为了拯救自己而摧毁的汇率所产生的有益作用。

1949 年货币贬值的后果并不能轻而易举地做出判断。当时，主导贸易世界的美元出现了短缺——也就是说，美国的国际收支出现了总体顺差。与 1964 年一样，英国的贸易逆差在不断扩大。有人认为，美国货币当局赞成英镑贬值［见 J.C.R. 道（J.C.R.Dow），《1945—1960 年英国经济的管理》，第 41 页］。英国当局却犹豫不决。但人们相信英镑在未来有可能贬值，资本被迫外逃。

紧接着是出口的显著增长，但这种增长仅仅持续了两年，朝鲜战争和美国的重整军备带来了世界性繁荣，但随后就是衰退。那种认为外部环境在任何情况下都会产生相同结果，而且货币工资率的上升速度比在没有发生事情的情况下上涨要快，从而可以抵消货币贬值的长期利益的观点，可以用来反对这样的观点，即如果没有它的帮助，出口从繁荣中获得的好处会少得多，从长远来看遭受的损失也会大得多。充其量，绝不会像 1931 年金本位制崩溃那样获得明显的成功。

11　欧洲经济共同体（比利时、法国、德国、意大利、卢森堡和荷兰）于 1957 年成立。在准备成立关税同盟（针对国外进口商

品的共同关税）的初期阶段，共同体就体现了一般经济联盟所具
79 有的超国界行政机构的某些特征。欧洲自由贸易协定（奥地利、丹麦、挪威、葡萄牙、瑞典、瑞士和英国以及非正式成员国芬兰）于1959年开始启动，目的是形成一个自由贸易区，贸易区内的每个国家都有自己对贸易区外国家的独立关税，但区内成员国之间取消了关税。这一计划将于1966年底全面生效。

12　安德鲁·肖恩菲尔德（Andrew Shonfield）在《现代资本主义》一书中，描述了各国以各自的方式适应国民经济计划要求的方式。当我们对英国的传统感到沮丧，即沮丧于公务员的职责是维护私人利益并阻止他人的干涉的时候，法国政府和德国政府通过对银行的控制（在自由放任口号的烟幕后面）允许在个别企业和行业之间存在高度竞争，因此，我们只有采用全球管制的方式。“经济往往被视为一个其反应能力或多或少一致的无差别群体，而不是一个对发生在不同地方的特定刺激做出截然不同反应的关节神经系统。”（前引书，第101页）

13　1963年，意大利的个人消费比上一年增长了10%，进口增长了21%，而出口仅增长了7%。由于采取了严格的通货紧缩政策，结果1964年的投资减少了7%。出口恢复，进口下降。经济整体增长率从每年的6%下降至3%。从欠发达的南部吸收工人进入工业的进程一直在顺利进行，但也遭受了挫折。这是处理贸易逆差的正统经济学方法。（联合国，《1964年世界经济概览》）

14　战后，美国在贸易差额上积累了大量盈余。由于技术

上的优势，再加上大量的失业，使得货币工资率保持在正常水平（尽管目前的战争繁荣使当局开始考虑工资政策），美国在制造业 80
中的竞争地位无人能敌。美国还是几种初级商品的主要供应商，而且，美国海外投资的收入也在不断增长。

1953—1955 年，收入类账户盈余被海外军费支出和公共资本和私有资本外流所抵消。在那几年中，总体赤字水平在下降，1956 年和 1957 年，总体上仍然有大量盈余。强势美元开始被视为是自然秩序的一部分。1958 年，尽管收入类账户盈余仍在持续上升，但资金外流趋势却在加大；从那以后，国际收支出现了总体逆差，并使美元走软，出现了让所有相关人士都感到尴尬的局面。见 D. 麦克道格尔（D. MacDougall）《美元问题的重新评估》，1960 年，普林斯顿大学，国际金融论文集系列，第 35 种。

1964 年的国际收支账户如下表所示：

	单位：百万美元
货物和服务余额	+9780
政府海外军费开支净支出	−2060
补助金等	−3120
私人资本净流出	−6235
误差与遗漏	−1165
货币往来差额	2800

（国际清算银行，《1966 年年度报告》）

15　1961 年 3 月，马克升值了约 5%。由于西德的金融机构没有对外借贷的习惯，所以几年下来，收入类账户上的盈余导致了外汇储备的积累。通常，一个国家的货币当局并不真的讨厌外汇储备的积累，尽管这对他们没有什么好处，对世界其他地方来说也是个大麻烦。因此，想必升值的决定是在外界的压力下做出
81 的。真正自愿升值的国家是荷兰，荷兰的汇率随马克汇率的变动而变动。荷兰的出口顺差已经达到了可以任意使用的程度，主要市场的出口突然增加，大部分进口商品的价格上涨，都会引发不受欢迎的通货膨胀。这是一个罕见的案例。

三　国际金融

16　1953 年至 1963 年间，进口总值以每年 7.1% 的速度增长，而货币黄金的库存则以每年 1% 的速度增长。

［见 R.F. 哈罗德（R.F. Harrod），《改革世界的货币》，第 71 页］

17　同期，外汇储备总额主要以美元结余的形式以每年 2.7% 的速度增长。1940 年以前，外汇储备总额约等于一年的进口总额（前引书）。1964 年，非社会主义世界的全部储备为 689.7 亿美元，其中，黄金储备为 408.6 亿美元。（《联合国 1964 年世界经济概览》（*UN World Economic Survey 1964*）*，第二部分，第 49 页）

i　见 J.M. 凯恩斯，《丘吉尔先生政策的经济后果》（1925），

---

* 本书原名为 *UN World Economic Survey1965*，经查实为 1964 年。——译者

重刊于《劝说集》。

j　见上文，注释 10。

k　见 R.F. 哈罗德，前引书，第 3 章。

l　凯恩斯的计划载于《国际清算联盟提案》(1943 年)，律令书 6437。

m　本案例与《国际货币问题和发展中国家》(1965 年)提出的发展问题有关，该报告是由联合国贸易和发展会议任命的一个委员会所做的。

18　现代意义上的英镑区由货币储备放在伦敦的国家组成，大体上相当于英联邦和前英联邦，再加上科威特和爱尔兰共和国，不包括加拿大。除了石油公司以外，英国海外投资的很大一部分是在英联邦和前英联邦这些已经很发达的地区，这些地区也为英国提供了一个有利可图的市场。

19　间或也有人指出海外贷款并不可取，投资最好是在国内 82
进行。这是一种谬论。住房投资不会因为缺乏资金而受到阻碍(即使是这样的话，也能找到资金补救办法)。住房投资受阻是由于缺乏劳动力和其他资源，或者，换一种说法，是由于在近似充分就业的经济中需要避免额外的通货膨胀压力。为了给国内投资腾出空间，我们应该努力抑制非必需的消费，而不是给出口设置障碍。

20　在许多美国商人眼中，美国正在失去“机遇之地”的称号。这些商人越来越觉得，海外市场——而不是国内市场——为未来的增长提供了最大的潜力。人们越来越感觉到，美国市场虽然很庞大，但已经处于相对“饱和”状态。

“商人们看到了海外那个巨大的且尚未开发的市场，这个市场中有数以亿计正在等待购买——而且越来越有购买力——各种产品和服务的消费者”。

“为了追逐这个市场，美国的企业正在世界各地建造和扩建工厂。自 1958 年以来，仅在西欧就有 2100 多家美国公司开始了新的业务。”

《美国新闻与世界报道》，1964 年 6 月 1 日。引自巴兰和斯威齐（Baran and Sweezy），《垄断资本》，第 198 页。

四　就业与增长

21　1921 年到 1938 年这十几年间，统计失业率总体上从来没有低至劳动力的 9%，在经济衰退最严重的年份，失业率达到了 22%。在某些行业，这些年的平均失业率超过了 40%。威廉·H. 贝弗里奇（William H. Beveridge）在《自由社会的充分就业》一书中讲述了这段经历的历史（第 47—69 页）。

83 在倡导新政策时，他认为，无论是好年景还是坏年景，失业率没必要高于 3% 的平均水平是相当乐观的说法。事实上（1947 年的石油危机除外），自二战结束以来，失业率从来没有达到 3%，在过去的 15 年中（直到 1966 年的危机），只有 7 年的失业率高于 2%（《劳动部公报》）。

22　虽然英国整体失业率的统计指标大部分低于 2%，但苏格兰的失业率很少低于 3%。在北爱尔兰，失业率指标有时高于 10%，直到 1964 年才降至 7% 以下（《劳动部公报》）。

23　贝弗里奇在《自由社会的充分就业》中提供了关于那个时期人们的想法的一个例子，在当时这是相当前卫的思想。他在书中为国家财政制定了三条规则：

> “第一条规则是，在任何时候，总支出必须满足充分就业。这条规则优先于其他所有规则的重中之重规则，如果其他规则与之产生冲突，第一条规则也是压倒一切的规则。第二条规则是，在服从于这一重中之重规则的前提下，应根据社会优先事项来安排财政支出。第三条规则是，在遵守第一条规则和第二条规则的前提下，最好是采用征税的方式用于支出，而不是采用借贷的方式用于支出。”（第 147 页）

第三条规则的含义是，政府投资不必创造更为丰厚的财富。只要是由税收提供政府资金，相应的储蓄就由整个经济体完成，创造的财富就属于国家。如果是用税收来覆盖整个支出，为了对需求产生一定的影响，就需要更大的支出，而税收则部分取决于原本可以节省下来的收入。这条规则规定，当无法筹集足够的收入用于维持充分就业所需的支出时，即使是当前的支出也应当用赤字支出，而不是根本不支出。

第二条规则适用于对就业政策之贡献的支出。做些有用的事情总比挖个坑再填坑要好，但挖个坑总比什么都不做要好。
（那些认为有坑可能比没有坑更差的想法，令人庆幸的是仍然遥 84
不可及。）营利性企业拥有对劳动力的第一索取权，政府在某些方面的支出是为企业不需要的劳动者提供就业机会。

24　为促进出口而削减国内需求的提议（通常由有关商人）常常会碰到这样的论调：国内市场产出的减少将提高单位成本，从而减少而不是有助于出口销售；以及，出口是“来自健康的国内市场过剩”。

从长期来看，这种说法有一定意义（虽然有许多适用于出口行业的例子），但从短期来看，显然属于无稽之谈。如果某个行业受到产能限制，从而满负荷运转，因此交货期较长，大量削减订单就会使其他订单的履行变得更为容易。

25　对 1914 年以前和 1945 年以后的增长率进行的各种估算表明，后者明显高于前者。安格斯·麦迪逊（Angus Maddison）在《西方的经济增长》（*Economic Growth of the West*, 1964）一书中，给出了 1870—1913 年间人均产出的年增长率为 1.3%，1950—1960 年间人均产出的年增长率为 2.2%。

在后面这个时期，除美国和加拿大外，没有一个西方国家的增长率低于英国。法国的年均增长率为 3.5%，荷兰为 3.6%，德国为 6.5%（前引书，第 30 页）。

26　在被凯恩斯推翻的旧正统学术思想体系中，工资在工业产品中的份额由劳动的边际生产率决定。尽管这一学说与现代状况明显毫不相干，甚至在其不切实际的假设下，这一理论也从未成功地让自己得到令人满意的表述，但它仍然被用于教育领域。

从长远来看，工会组织在社会立法的支持下，已经成为提高 85

工资份额的重要影响因素。更直接地说，工资还受到投资与储蓄倾向的关系以及影响利润率之竞争程度的影响。除非储蓄的自然增加抵消了较高的整体投资水平（包括军备支出），否则消费品的需求将相对于供给保持在较高水平，因此在给定的货币工资率下，价格将保持在较高水平。竞争越弱，利润率越高，产能利用率越低。

对利润征税不会提高工资的相对份额，因为相应的支出又会回到利润中。如果货币工资上涨，实际工资就会增加，但如果工资上涨超过某一点，竞争程度就会提高或是对价格实施限制的可能会增大，因此工资上涨只是创造了一个强大的卖方市场，致使利润率被再次推高。

这一体制内有玄机，可以阻止任何正面攻击利润份额的行为。

五　垄断与竞争

27　在大萧条时期，限制贸易的协议被判不可执行，普通法原则因而受到严重削弱。战后，反垄断立法开始出台。1948 年成立的垄断委员会，除了在研究方面有所作为以外，没有发挥什么其他作用。1956 年设立的限制性贸易惯例法院（Restrictive Practices Court）负责处理协议，重新组建的垄断委员会负责审查控制了一个行业的个别公司的案例。1964 年，保守党政府认为，维持转售价格（Resale Price Maintenance）〔除了一些包括净价图书协议（*Net Book Agreement*[*]）在内的例外〕是违法价格。

28 洗涤剂是一个典型的例子，这是垄断委员会1966年一份报告的主题。垄断委员会的报告显示，两家营业额为6200万
86 英镑的相关生产商的销售成本为1700万英镑。委员会建议，将批发价下调20%，并削减40%的广告支出。

在报告发表后举行的新闻发布会上，有人发表了几点有意思的评论。产业目标组织称："两家主要的家用洗涤剂生产商的广告支出表明，这一行业的竞争是多么激烈。"其中一家公司的董事长说："我们认为，垄断委员会严重低估了广告在消费品制造和营销中的作用，以及它为确保整个企业的经济安全所做出的巨大贡献……英国家庭主妇在自由市场的竞争条件下行使自己的选择权，在尽情选择的高成本和毫无选择的低成本之间，取得了很好的平衡（《泰晤士报》，1966年8月11日）。

这里的理由是，高昂的广告费用使进入市场变得不太可行，从而确保了这家有实力的大型企业的规模经济。发言人没有想到的是，以低价利用低成本的优势可能是一种同样有效的竞争形式。

n J. 施泰因德尔（J.Steindl）在《美国资本主义的成熟与停滞》（1952）一书中，根据美国的数据分析了寡头垄断制度的影响。J.K. 加尔布雷思（J.K.Galbraith）的《美国资本主义》（1957）

---

* *Net Book Agreement*，1901年签订并实施，至今仍为有效的图书买卖协议，规定书商不得以低于出版商所定价格，将所谓净价书（*Net Book*）卖给读者。

对此给出了一个更具同情心的解释。

29　边际生产率理论认为，应降低实际工资，以鼓励使用节省劳动力的生产方法。这种做法可能会通过抑制有效需求的增长使情况变得更为糟糕。只要有效需求保持不变，被赶出产业界的工人可以从事服务业，这种情况正在以极快的速度发生。见注释 32。

o　参见工党的宣言：《60 年代的路标》（1961 年）、《新不列颠》（1964 年）和《决定的时刻》（1966 年）。

六　工作与财产

30　1964 年企业部门的数字如下：

单位：百万英镑

固定资本形成总额	2106
股票增值和在建工程增值	683
投资总额	2789
储蓄总额	2759
对外融资净收益	30

（《国民收入和支出》，1965 年）

p　见《就业、利息和货币通论》，第 156 页。

q　参见罗宾·马里斯（Robin Marris）的《管理型资本主义的经济理论》。

31　与国际收支一样，预算中收入类账户和资本账户的区别，在一定程度上是一个常见问题。其基本概念是，按照一般的商业原则，低于限额的项目是那些被认为是合法的借贷融资项目。线上盈余代表的是集体储蓄。它允许政府在不增加国家债务或者允许收回部分债务的条件下，尽最大可能地为政府投资提供资金。根据贝弗里奇的规则（见前面的注释 23），线上支出和线下支出之间的区别并不重要。重要的是，总支出应该足以维持有效需求。

32　1911—1913 年，1% 的人口拥有 69% 的财产，5% 的人口拥有 87% 的财产。1960 年，相应的比例减少，1% 的人口拥有 42% 的财产，5% 的人口拥有 75% 的财产。在后期，99% 的财产收益流向了 10% 的人口。见米德（J.E.Meade），《效率、平等和
88 财产所有权》，第 27 页。米德教授试图调和减少不平等的方案与对边际生产力理论的信仰。

33　食利者的无疾而终是凯恩斯（《就业、利息和货币通论》第 376 页）在他的世界中所构想的，在这个世界中，生产资本所有可能用途上的投资已经饱和，利润率也已经降到了极低的水平。现在，这种前景似乎比他当初所设想的还要遥远。然而，在食利者的消费可能被消除以后，我们仍然需要利用利润的节余来为投资提供资金。通过向慈善机构的捐赠来挥霍财产将是给财富所有者的最后一次机会，使他们能够选择自己的继承人，而不是让未来的政府全权决定。只要他们开始通过消费来消散财富，就不得不相应地增加税收，从而通过预算盈余来实现公共储蓄，这将是国家获取财富的另一种方式。

后　　记

1966 年的危机

持有不稳定外国存款的储备货币，国际收支的微弱平衡，普遍存在的相互竞争和相互指责的两党制，一个倾向于实施贬值的学派的存在，为周期性金融危机搭建了舞台。

1964 年，面对国际收支逆差的惊人增长，保守党政府没有实施通货紧缩政策。尽管经济表现繁荣，失业率也较低，而且，那个夏季的天气格外晴朗，但他们在秋天的选举中落败，虽然选票的差距不大。新政府宣称，赤字是对他们对手的羞辱。这一点再加上选举胜利是归于一个名为工党的政党，引发了人们对英镑的抛售。危机在国际社会的帮助下得以平息。国际收支逐渐恢复平衡之后，整个局势又回到了原来的不稳定状态。

1965 年，国际收支逆差减少，直至发展到略少于海外军费开支。政府预测将在 1966 年年底实现国际收支平衡。他们主要依赖的（除了对海外投资的限制）似乎就是信贷紧缩和收入政策。

1966 年，由于美元疲软和欧洲的反通货膨胀政策，利率普遍上升，抵消了伦敦利率的上升效应；很明显，英国国际收支中的赤字并没有消除，收入政策也因海员罢工而陷入困境。英镑外逃又重新开始了。信贷紧缩的螺丝钉再次拧紧也没能阻止资金抽逃。

90 7月14日，首相宣布将于7月20日采取措施以应对危机。这些措施包括呼吁全面冻结工资（如果自愿协议失败，将在稍后强制实施）；削减拟议的公共投资；增加消费品税和对分期付款购买的限制；以及削减外国旅游者的外币免税额。一揽子计划中还包括削减1亿英镑的海外军事开支和对外援助。然而，预算中实际上已经承诺了削减军费开支，所以事实证明，只有削减援助是新措施。

首相宣布，他打算保持英国作为世界强国和英镑作为世界货币的地位。

1966年7月的措施如果不只是一种恐慌的表现，就应该设计成三个层面上的运作——恢复人们对英镑汇率的信心，能立竿见影地改善贸易收支，有助于根本问题的长期解决。

就第一个目标而言，整个事件的戏剧性风格更多的是唤起而不是减轻了海外英镑持有者的恐惧。

就这些措施对国际收支的实际影响而言，有两种相反的趋势。

一方面，工党政府似乎准备引发任何保守党政府都不敢引发的更多失业。由于充分减少了国内经济活动，很有可能会对进口产生冲击效应，库存的减少也会暂时带来收入类账户的盈余。此后，将贸易活动保持在一个较低的水平可以抑制进口的增长，同时由于国内市场的疲软，出口情况可能会有所改善。

另一方面，由于工资的突然冻结以及在工会运动中引发的强 91
烈不满和六个月期限结束时越来越多的索赔，所有这些抱怨和不满以及明显的不公正，或许会对工资限制产生负面效应，而失业率的上升可能无法抵消这种影响。

就长期问题而言，7 月的这些措施带来的完全是负面效应。削减投资、因工资冻结而破裂的生产协议，以及对失业担忧的再度抬头所引发的限制工会思维的抬头，甚至威胁到了经济增长，这些就是近年来英国经济表现不佳的根本原因。

这种局势下唯一有希望的特征是，越来越多的人（不仅仅是左派）支持本书结论中表达的观点。也许到最后，生活的事实就像笨拙羊群中的牧羊犬，最终将民主推向常识。

索　　引

（本索引所标页码为英文版页码，即本书边码）

图书在版编目(CIP)数据

经济学的尴尬/(英)琼·罗宾逊著;安佳译.—北京:商务印书馆,2024
(汉译世界学术名著丛书:120年纪念版:珍藏本:增订本)
ISBN 978-7-100-23856-4

Ⅰ.①经… Ⅱ.①琼…②安… Ⅲ.①经济学 Ⅳ.①F0

中国国家版本馆 CIP 数据核字(2024)第 080216 号

汉译世界学术名著丛书
(120 年纪念版·珍藏本·增订本)
经济学的尴尬
〔英〕琼·罗宾逊 著
安佳 译

商 务 印 书 馆 出 版
(北京王府井大街 36 号 邮政编码 100710)
商 务 印 书 馆 发 行
北京新华印刷有限公司印刷
ISBN 978-7-100-23856-4

2024 年 5 月第 1 版　　开本 710×1000 1/16
2024 年 5 月北京第 1 次印刷　　印张 6½
定价:35.00 元